财富世界行 系列丛书

Rinbow Kingdom

彩虹之国

南非财富世界之旅

Rich World Tour Of South Africa

李华伟 / 编著

中国出版集团 现代出版社

图书在版编目(CIP)数据

彩虹之国 / 李华伟编著. —北京：现代出版社，2016.7(2021.8重印)

ISBN 978-7-5143-5231-3

Ⅰ.①彩⋯　Ⅱ.①李⋯　Ⅲ.①经济概况—南非

Ⅳ.①F147.8

中国版本图书馆CIP数据核字(2016)第160794号

编　　著	李华伟
责任编辑	王敬一
出版发行	现代出版社
通讯地址	北京市安定门外安华里504号
邮政编码	100011
电　　话	010-64267325 64245264(传真)
网　　址	www.1980xd.com
电子邮箱	xiandai@cnpitc.com.cn
印　　刷	北京兴星伟业印刷有限公司
开　　本	700mm×1000mm 1/16
印　　张	9.5
版　　次	2016年12月第1版　2021年8月第3次印刷
书　　号	ISBN 978-7-5143-5231-3
定　　价	29.80元

目录
CONTENTS

开 篇 二十国集团是怎么回事

　　二十国集团，由八国集团（美国、日本、德国、法国、英国、意大利、加拿大、俄罗斯）和11个重要新兴工业国家（中国、阿根廷、澳大利亚、巴西、印度、印度尼西亚、墨西哥、沙特阿拉伯、南非、韩国和土耳其）以及欧盟组成。

二十国集团简介

　　二十国集团,由八国集团(美国、日本、德国、法国、英国、意大利、加拿大、俄罗斯)和11个重要新兴工业国家(中国、阿根廷、澳大利亚、巴西、印度、印度尼西亚、墨西哥、沙特阿拉伯、南非、韩国和土耳其)以及欧盟组成。按照惯例,国际货币基金组织与世界银行列席该组织的会议。二十国集团的GDP总量约占世界的85%,人口约为40亿。中国经济网专门开设了"G20财经要闻精粹"专栏,每日报道G20各国财经要闻。

> 【走近二十国集团】
>
> 　　二十国集团,又称G20,它是一个国际经济合作论坛,于1999年12月16日在德国柏林成立,属于布雷顿森林体系框架内非正式对话的一种机制,由原八国集团以及其余12个重要经济体组成。

二十国集团的历史

二十国集团的建立，最初是由美国等 8 个工业化国家的财政部长于 1999 年 6 月在德国科隆提出的，目的是防止类似亚洲金融风暴的重演，让有关国家就国际经济、货币政策举行非正式对话，以利于国际金融和货币体系的稳定。二十国集团会议当时只是由各国财长或各国中央银行行长参加，自 2008 年由美国引发的全球金融危机使得金融体系成为全球的焦点，开始举行二十国集团首脑会议，扩大各个国家的发言权，它取代了之前的二十国集团财长会议。

二十国集团的成员

二十国集团的成员包括：八国集团成员国美国、日本、德国、法国、英国、意大利、加拿大、俄罗斯，作为一个实体的欧盟和澳大利亚、中国以及具有广泛代表性的发展中国家南非、阿根廷、巴西、印度、印度尼西亚、墨西哥、沙特阿拉伯、韩国和土耳其。这些国家的国民生产总值约占全世界的 85%，人口则将近世界总人口的 2/3。二十国集团成员涵盖面广，代表性强，该集团的 GDP 占全球经济的 90%，贸易额占全球的 80%，因此，它已取代 G8 成为全球经济合作的主要论坛。

【走近二十国集团】

二十国集团是布雷顿森林体系框架内非正式对话的一种机制，旨在推动国际金融体制改革，为有关实质问题的讨论和协商奠定广泛基础，以寻求合作并促进世界经济的稳定和持续增长。

二十国集团的主要活动

二十国集团自成立至今,其主要活动为"财政部长及中央银行行长会议",每年举行一次。二十国集团没有常设的秘书处和工作人员。因此,由当年主席国设立临时秘书处来协调集团工作和组织会议。

会议主要讨论正式建立二十国集团会议机制以及如何避免经济危机的爆发等问题。与会代表不仅将就各国如何制止经济危机进行讨论,也将就国际社会如何在防止经济危机方面发挥作用等问题交换意见。

1999 年 12 月 15 日至 16 日,第一次会议暨成立大会,德国柏林;

2000 年 10 月 24 日至 25 日,第二次会议,加拿大蒙特利尔;

2001 年 11 月 16 日至 18 日,第三次会议,加拿大渥太华;

2002 年 11 月 22 日至 23 日,第四次会议,印度新德里;

2003 年 10 月 26 日至 27 日,第五次会议,墨西哥莫雷利亚市;

2004 年 11 月 20 日至 21 日,第六次会议,德国柏林;

2005 年 10 月 15 日至 16 日,第七次会议,中国北京;

2006 年 11 月 18 日至 19 日,第八次会议,澳大利亚墨尔本;

2007 年 11 月 17 日至 18 日,第九次会议,南非开普敦;

2008 年 11 月 8 日至 9 日,第十次会议,美国华盛顿;

2009 年 4 月 1 日至 2 日,第十一次会议,英国伦敦;

2009 年 9 月 24 日至 25 日,第十二次会议,美国匹兹堡;

2010 年 6 月 27 日至 28 日,第十三次会议,加拿大多伦多;

2010 年 11 月 11 日至 12 日,第十四次会议,韩国首尔;

2011 年 2 月 18 日至 19 日,第十五次会议,法国巴黎;

2011 年 11 月 3 日至 4 日,第十六次会议,法国戛纳;

2012 年 6 月 17 日至 19 日,第十七次会议,墨西哥洛斯卡沃斯。

二十国集团的相关报道

1.加拿大：防止债务危机恶化

作为峰会主席国，加拿大主张：各成员国应就未来 5 年将各自预算赤字至少减少 50% 达成一项协议，以防止主权债务危机进一步恶化；会议应发出明确信号，收紧刺激性支出，即当各国刺激计划到期后，将致力于重整财政，防止通货膨胀。

加拿大还认为，应建立有效的金融调节国际机制，进一步提高银行资本充足率，以防止出现新的金融机构倒闭。不应由纳税人承担拯救金融机构的责任；加强世界银行、国际货币基金组织和多边开发银行的作用，支持国际货币基金组织配额改革，反对开征银行税，认为设立紧急资金是更好的选择。

此外，加拿大还表示，各成员国应承诺反对贸易保护主义，促进国际贸易和投资进一步自由化，确保经济复苏；增加对非洲的发展援助。

2.美国：巩固经济复苏势头

美国是世界头号经济强国，也是本轮金融危机的发源地。根据美国官

> **【走近二十国集团】**
>
> 　　以"复苏和新开端"为主题的二十国集团领导人第 4 次峰会于 2010 年 6 月 26 日至 27 日在加拿大多伦多召开。此次峰会正值世界经济出现好转趋势，但欧元区主权债务危机爆发又给全球经济走势增添诸多变数之际。在此背景下，与会的主要发达国家及发展中国家对这次峰会的立场受到国际舆论的高度关注。

方透露的信息,美国政府对此次峰会的主要立场包括:巩固经济复苏势头;整顿财政政策;加强金融监管,确立全球通用的金融监管框架。美国希望与各国探讨国际金融机构的治理改革等问题。

美国财政部官员说,中国日前宣布进一步增强人民币汇率弹性,其时机对二十国集团峰会"极有建设性"。欧洲宣布将公布对银行业进行压力测试的结果,这将有助于恢复市场信心。

【走近二十国集团】

二十国集团的宗旨是为推动已工业化的发达国家和新兴市场国家之间就实质性问题进行开放及有建设性的讨论和研究,以寻求合作并促进国际金融稳定和经济的持续增长。

美方对这两项宣布感到鼓舞。

3.巴西:鼓励经济增长政策

根据从巴西外交部得到的消息,巴西将在二十国集团峰会上提出要求各国继续鼓励经济增长政策、加快金融市场调节机制建设的主张。

巴西认为,当年4月结束的世界银行改革"令人满意",但在今后几年中还应在各国投票权上实现进一步平等。此外,峰会应从政治层面强调国际货币基金组织改革。

巴西政府主张二十国集团应发挥更大作用,因为当今世界,二十国集团已显示出了高效讨论各种重要议题的论坛作用。同时,二十国集团也需从主要讨论金融危机拓展到其他问题,如发展、能源和石油政策等。

4.俄罗斯:主张二十国集团机制化

俄罗斯曾经在峰会上就二十国集团机制化、推动国际审计体系改革、建立国际环保基金等具体问题提出一系列倡议。

梅德韦杰夫曾经在会见巴西总统卢拉后说,现在需要努力将二十国集团打造成一个常设机构,以便对国际经济关系产生实际影响。

梅德韦杰夫还在接见美国知名风险投资公司负责人时表示，原有的国际审计体系已经被破坏，俄罗斯目前正在制定改革这一体系的相关建议。他说，二十国集团峰会应对关于审计改革的议题进行讨论。

在防范金融风险方面，俄罗斯可能提出两套方案：一是开征银行税并建立专门的援助基金；另一方案是在发生危机时，国家向银行提供资金支持，但危机过去后，银行不仅要返回资金，还要支付罚款。

5.日本：期望发挥积极作用

日本外务省经济局局长铃木庸一则在记者会上表示，在发生国际金融和经济危机、新兴国家崛起等国际秩序发生变化的形势下，二十国集团是发达国家和新兴国家商讨合作解决全球问题的场所，日本可以继续为解决全球问题发挥积极作用。

> **【走近二十国集团】**
> 铃木庸一说，从支撑世界经济回升、遏制贸易保护主义的观点出发，二十国集团首脑应表明努力实现多哈谈判早日达成协议的决心。

日本期望峰会能深入讨论如何应对全球性问题并达成一些协议，发达国家和新兴国家能够更多地开展合作，共同致力于解决经济、金融等方面的全球性课题。

6.南非：希望从国际贸易中受益

对于二十国集团峰会，南非政府希望在峰会上重申，南非将与其他国家加强贸易进出口联系，以使其在国际贸易交往中受益。对此，南非方面呼吁重建世界贸易经济交往秩序和规则，予以发展中国家新兴经济体以更多的优惠与权利，与其他发展中国家携手重建世界贸易新秩序。

南非经济学家马丁·戴维斯认为，二十国集团峰会本是西方世界的产物，如今以中国、南非、巴西、印度等新兴经济体为代表的发展中国家需要联合起来，打破国际经济旧秩序，建立更加平衡、公平、长效、利于世界经济全面复兴的新国际经贸秩序。

【走近二十国集团】

在推进国际金融监管改革方面，欧盟将力主就征收银行税达成协议。除此之外，欧盟还提出要在峰会上探讨征收全球金融交易税的可能性。

7.欧盟：实施退出策略需加强协调

对于欧盟来说，在实施退出策略上加强国际协调和继续推进国际金融监管改革，将是其在峰会上的两大核心主张。

欧盟曾经掀起了一股财政紧缩浪潮，但在如何巩固财政和维护经济复苏之间求得平衡的问题上与美国产生分歧。在退出问题上美欧如何协调将是多伦多峰会的一大看点。

8.印度：征银行税不适合印度

印度政府官员表示，在峰会上，新兴经济国家与发达国家在如何促进世界经济复苏的问题上将产生不同意见。

各国应对金融危机的情况不同，经济增长形势不同，西方国家必

须认识到这一点。

印度官员指出,欧盟目前被一些成员国的财政赤字和债务危机所困,法德两国都希望收缩开支。但德国如果采取财政紧缩政策,它可能会陷入双重经济衰退,而且整个欧盟的经济也将随之收缩,这不利于世界经济复苏。

印度官员同时表示,美国政府最近提出要征收银行税和加强对银行的政策限制,西方很可能要求印度等国也采取类似措施,但这并不适合印度,因为印度的金融体系相当健康。

9.中国:谨慎决策防范风险

中国外交部副部长崔天凯曾经在媒体吹风会上说,多伦多峰会是二十国集团峰会机制化后的首次峰会,具有承前启后的重要意义。中方希望有关各方维护二十国集团信誉与效力,巩固该集团国际经济合作主要论坛的地位。

中方在此次峰会上强调,为推动全球经济稳定复苏,各国应保持宏观经济政策的连续性和稳定性;根据各自国情谨慎确定退出战略的时机和方式;在致力于经济增长的同时防范和应对通胀和财政风险;反对贸易和投资保护主义,促进国际贸易和投资健康发展。

中方还指出,为实现全球经济强劲、可持续增长,发达国家应采取有效措施解决自身存在的问题,以减少国际金融市场波动;发展中国家应通过改革和结构调整,以促进经济增长。

集团宗旨

二十国集团属于非正式论坛,旨在促进工业化国家和新兴市场国家

【走近二十国集团】

二十国集团还为处于不同发展阶段的主要国家提供了一个共商当前国际经济问题的平台。同时,二十国集团还致力于建立全球公认的标准,例如在透明的财政政策、反洗钱和反恐怖融资等领域率先建立统一标准。

就国际经济、货币政策和金融体系的重要问题开展富有建设性和开放性的对话,并通过对话,为有关实质问题的讨论和协商奠定广泛基础,以寻求合作并推动国际金融体制的改革,加强国际金融体系架构,促进经济的稳定和持续增长。

2011巴黎G20财长会议

全球瞩目的二十国集团财政部长和央行行长会议于当地时间2011年10月15日在法国巴黎闭幕,此次会议是在全球经济尤其是欧债危机深度演化的背景下召开的,吸引了各方关注。

会上,各成员国财政领袖支持欧洲方面所列出的对抗债务危机的新计划,并呼吁欧洲领导人在23日举行的欧盟峰会上对危机采取坚决行动。

此外,与会各方还通过了一项旨在减少系统性金融机构风险的大银行风险控制全面框架。

在本次财长会上,全球主要经济体对欧洲施压,要求该地区领导人在当月23日的欧盟峰会上"拿出一项全面计划,果断应对当前的挑战"。

呼吁欧元区"尽可能扩大欧洲金融稳定基金(EFSF)的影响,以便解决危机蔓延的问题"。

有海外媒体报道称,欧洲官员正在考虑的危机应对方案包括:将希腊债券减值多达50%,对银行业提供支持并继续让欧洲央行购买债券等。

决策者还保留了国际货币基金组织(IMF)提供更多援助,配合欧洲行动的可能性,但是对于是否需要向IMF提供更多资金则意见不一。

当天的会议还通过了一项旨在减少系统性金融机构风险的新规,包括加强监管、建立跨境合作机制、明确破产救助规程以及大银行需额外增加资本金等。

根据这项新规,具有系统性影响的银行将被要求额外增加1%至2.5%的资本金。

二十国集团成员同意采取协调一致措施,以应对短期经济复苏脆弱问题,并巩固经济强劲、可持续、平衡增长基础。所有成员都应进一步推进结构改革,提高潜在增长率并扩大就业。

金融峰会

二十国集团金融峰会于2008年11月15日召开,作为参与国家最多、在全球经济金融中作用最大的高峰对话之一,G20峰会对应对全球金融危机、重建国际金融新秩序作用重大,也因此成为世界的焦点。

金融峰会将达成怎么样的结果?对今后一段时间的全球经济有何推动?对各大经济体遭受的金融风险有怎样的监管和控制?种种问题,都有待回答。

第一,拯救美国经济,防止美国滥发美元

目前美国实体经济已经开始衰退,为了刺激总需求,美联储已经将基准利率降到了1%,并且不断注资拯救陷入困境的金融机构和大型企业,这些政策都将增加美元发行,从而使美元不断贬值。

美元是世界货币,世界上许多国家都持有巨额的美元资产,美国

【走近二十国集团】

如何拯救美国经济,防止美国滥发美元;要不要改革IMF,确定国际最后贷款人;必须统一监管标准,规范国际金融机构活动。这里对峰会做出的三大猜想,一定也有助于读者更好地观察二十国集团金融峰会的进一步发展。

滥发货币的行为将会给持有美元资产的国家造成严重损失。因此，金融峰会最迫在眉睫的任务应是防止美国滥发货币，而为了达到这个目的，各国要齐心协力拯救美国经济，这集中体现在购买美国国债上。

截至 2008 年 9 月 30 日，美国联邦政府财政赤字已达到 4548 亿美元，达到了历史最高点，因此，美国财政若要发力，需要世界各国购买美国国债，为美国政府支出融资。因此，G20 的其他成员要步调一致，严禁大量抛售美国国债，只有这样，才能稳住美国经济，自己手中的美元资产才能保值增值。

第二，改革 IMF，确定国际最后贷款人

查尔斯·金德尔伯格在其脍炙人口的《疯狂、惊恐和崩溃：金融危机史》里指出，最后贷款人对解决和预防金融危机扩散至关重要。如果危机发生在一国之内，该国的中央银行可以充当这一角色，但是如果其演变为区域性或全球性金融危机，就需要国际最后贷款人来承担这一角色了。

1944 年成立的国际货币基金组织（IMF）就是为了稳定国际金融秩序而建立的一个国际最后贷款人。但是，IMF 本身实力有限，只能帮助应对规模较小的金融危机，而且一直受美国利益的支配，在援助受灾国的时候，往往附加苛刻的政治条件，限制了受灾国自主调控经济的自主性，往往在解决金融危机的同时导致严重的经济衰退。

【走近二十国集团】

在国际范围内，既不存在世界政府，也没有任何世界性的银行可以发挥这种功能，但是如果 G20 能够达成一种世界性的协议，共同应对更大规模的危机（例如由美国次贷风暴所引发的金融危机），将成为一种次优选择。

在这次峰会中，G20 其他成员，尤其是新兴经济体将更多地参与到 IMF 改革中来，包括要求更多的份额、在决策中拥有更多的发言权等。但是 IMF 的问题还不止于此。IMF 成立之初主要为了应对贸易赤字所带来的国际收支失衡,但是今天的问题是资本流动成了影响一国国际收支的主要因素,在巨量的资本流动面前,IMF发挥的"救火"功能十分有限。在这种情况下,应确定规模更大的、协调功能更好的、能应对巨额资本流动冲击的国际最后贷款人。

第三,统一监管标准,规范国际金融机构活动

这次危机的根源之一是美国金融监管过度放松。作为金融全球化的主要推动者,美国对其金融机构和金融市场创新的监管越来越宽松,在这种宽松的环境下,其投资银行、商业银行和对冲基金等金融机构高杠杆运营,在全球其他国家攻城略地,屡屡得手。例如,1992年的英镑和里拉危机,1997年的亚洲金融危机,在很大程度上都是对冲基金兴风作浪的结果。由于这些机构在全球运行,可以通过内部交易或者跨国资本交易来逃避世界各国的金融监管,因此,统一监管标准,规范国际金融活动,就成了除美国之外,G20其他成员的共同心声。美国也想加强金融监管,但是它更清楚要掌握监管

规则制定的主动权。如果放弃主动权,美国在国际金融体系中的霸权地位将会被极大撼动,这是美国金融资本所不愿看到的,而这也恰恰是 G20 其他成员的金融资本所诉求的。欧盟成员国在这个问题上早早表明了立场,预计在金融峰会上,美国或者置之不理,或者与 G20 中的欧盟成员国展开一番唇枪舌剑。经济和政治犹如一对孪生兄弟,如影随形。这次金融峰会不光要应对全球经济危机,更关系到美国相对衰落之后的全球利益调整。这个讨价还价的过程不是一次金融峰会就可以解决的,未来更多的峰会将接踵而来。目前,中国是世界上仅次于美国的第二大经济体,拥有全球最多的外汇储备,其他各国都盯住了中国的"钱袋子",更加关注中国的动向。中国应抓住这次世界经济和政治格局调整的机会,主动发挥大国的作用,参与国际规则的制定,为中国的崛起、为全球金融和经济的长治久安做出自己的贡献。

【走近二十国集团】

二十国集团成员涵盖面广、代表性强,该集团的GDP占全球经济的90%,贸易额占全球的80%,因此已取代G8成为全球经济合作的主要论坛。

第一章 工业和商业的崛起

南非属中等收入的发展中国家，是非洲经济最发达的国家，GDP 约占全非 GDP 的五分之一，是非洲大陆第一经济强国。以 2007 年为例，南非 GDP 为 2655 亿美元，人均 GDP 为 5548 美元，年增长率 5.1%。

　　随着理财热一同发展起来的还有更多的专业理财公司、证券公司、商业银行、信托公司、基金公司，并且还有媒体参与营造大众理财的良好氛围。专业的理财机构为市民们提供专业的理财服务，同时可供老百姓选择的理财产品也越来越多。

　　现在已经是大众理财的新时代，理财投资者要学会与时俱进，选择顺应时代发展的理财方式，才能打造自己的财富王国。随着时代的发展，每一种投资方式下面都衍生出相当多的投资产品，并且每一种投资产品的特点都会不同，所以在选择与时俱进的投资产品的时候，最重要的是选择合适的。

第一节　能源和煤炭业的腾飞之路

南非能源工业占国内生产总值的15%，创造就业机会25万个。南非是能源高消耗国家，其原因主要在于南非经济结构中占主导地位的是大型、高耗能的采矿业和初级矿产品加工业。

南非缺少石油和天然气资源，它的能源主要来自煤炭。煤炭占能源消耗的80%左右，其中60%用于发电。南非具有世界先进水平的电力生产和供应系统。南非国家电力公司(Eskom)的发电能力排名世界第7位，电力销售列世界第9位。南非电力生产占非洲的50%。南非液体燃料的供应36%来自本国的萨索尔公司(sasol)，该公司是世界著名的能使煤炭转化为燃油的企业。液体燃料的其余部分依靠进口。煤气和天然气的供应占能源消耗的1.5%。

尽管南非是能源消耗大国，但是在种

族主义制度下,南非的供电主要服务于白人区的经济和社会,而黑人区的供电在20世纪90年代初仅占35%左右。南非的家庭能源消耗占全国能源销售的17%。农村地区家庭能源消耗的50%来自木柴,煤炭占18%,照明用煤油占7%以及很少量的液化气,电力的使用很少。

自1994年新政府成立以来,解决黑人居住区的电力供应是政府纠正种族隔离造成的经济不平等的举措之一。

南非的煤炭资源丰富,煤炭开采业规模庞大,技术先进。南非可开采的煤炭储量约286亿吨,列世界第7位。南非既有世界最大规模的煤矿,也有小型煤矿。由于近年来新增煤矿的发展,到2004年煤矿数量增加到64个。南非51%的煤矿是地下开采,49%为露天煤矿。南非的煤炭产量占世界的5%左右。煤炭产值占矿业总产值的20%,在矿业各部门中名列第3位。

南非的煤矿工业高度集中,11个最大的煤矿占煤炭产出的70%。南非六大煤矿公司:因格韦(Ingwe-BHP Billiton)、昂格鲁煤矿(Anglo Coal)、萨索尔(Sasol)、埃耶司兹威(Eye-sizwe)、库姆巴(Kumba)和克斯特拉塔(Xstrata),掌握91%的煤炭销售量。

南非的煤炭产量2005年为2.45亿吨(《南非官方年鉴》2005／2006)。南非大型煤矿出产的煤炭主要用于国内工业。62%用于发电,23%用于石油化工业 (Sasol),8%用于一般工业,4%用于冶金工业(Mittal),4%卖给当地煤炭商人。小煤矿的产出当中21%用于出口，21%为本国消费，但不用于发电，其余煤炭因不适合出售而被废弃。根据南非矿业和能源部的调查，到2020年被废弃在地面的煤炭可能达到20亿吨，这部分煤炭资源的有效利用正在成为研究课题。

南非的煤炭产出约1／4用于出口，主要的煤炭出口口岸是里可德湾港。南非是世界第4大煤炭出口国。

第二节　电力、液体和气体能源的发展

南非的电力供应系统被认为是世界最先进的,电费也属世界最低,其主要原因是成本低和政策优惠,对矿业和制造业的用电大户的电费均有优惠。20世纪90年代中期,南非的发电量约为1670亿千瓦时,占整个非洲的1/2。高架输电线路长度为23.8万千米,地下电缆约6000千米。

火力发电　南非90%的电力来自燃煤的火力发电。南非煤矿49%为露天矿,开采成本低,而且长期以来政府在税收方面给予优惠政策,这为电力生产提供了便利。南非国家电力公司拥有世界上规模最大的火力发电厂和世界最大的干冷发电站。

南非官方估计,到2020年之前,煤炭将继续是南非发电的主要能源。但是煤炭生产方式和燃煤对环境的污染日益受到关注。南非矿业与能源部和煤矿公司正在促进清洁煤炭技术的应用。

水力发电　南非东南部的夸祖鲁/纳塔省和东开普省是最适宜发展小型水电项目的地区。南非还参与国外的大型水电项目——开发刚果(金)水电资源的威斯特怀格(Westcor)项目,参加国家包括刚果(金)、安哥拉、纳米比亚、博茨瓦纳和南非。该项目的办公室设在博

茨瓦纳首都哈布罗内。该项目的第一个工程是刚果河上的因加水电站三期工程。

此外，南非也在研究开发海洋能源，利用潮汐发电。

核电 南非国家电力公司拥有南非唯一也是非洲唯一的核动力发电站，设在开普敦附近的库伯格(Koeberg)。库伯格核电站建于20世纪70年代后期，核电占南非电力供应的6%。

电力供应状况 南非国家电力公司1994年在扩大电力供应方面取得显著进展，供电用户增加21%，用电家庭达到44%，但是农村地区的用电户仅为12%。1993年以来，电力消费稳定增长，1995年增长率达到8.3%，1999~2001年回落到年增长2%~3%，与国内生产总值的增长相当。根据2001年人口统计数据，南非用电人口1994年占总人口的57.6%，2001年增至69.7%。2003年国家电力公司出售电力达到196 980千兆瓦小时(GMh)，占南非电力供应的95%，占非洲大陆电力供应的60%。1994~2006年，国家电力公司新增供电用户335万个。从2003年起，已经通电地区的贫困家庭可以享受每个月50度免费用电。南非国家电力公司与南部非洲地区供电网络系统连接，向博茨瓦纳、莱索托、莫桑比克、纳米比亚、斯威士兰和津巴布韦供应电力。

近年来南非经济的增长以及电力供应范围的扩大，

【走近南非】

南非矿业丰富，而且矿业生产发达，是世界著名的五大矿产国之一。南非制造业在非洲独领风骚，约占整个非洲制造业的40%以上，门类齐全，技术先进。

使南非出现了罕见的电力短缺。2004年，政府批准国家电力公司重启封存的发电站并新建发电站。但是，南非电力需求在2006年用电高峰期达到36 000百万千瓦小时，超过国家电力公司27 000百万千瓦小时的总供电能力。当年在开普敦和约翰内斯堡都出现了电力短缺和停电的情况。在南非经济年增长4%～5%的形势下，目前用电需求年均增长4%左右，电力供应的不足将越来越突出。为了应对电力需求的增长，南非国家电力公司计划投资1 030亿兰特，以扩大发电能力。其中619亿兰特用于发电工程，100亿兰特用于电力传输系统的建设，234亿兰特用于电力供应设施，74亿兰特用于公司开支和新开业务。

南非的液体能源需求主要靠四个炼油厂加工进口原油以及萨索尔公司从煤炭提炼的石油。2003年，液体燃料供应达到209.34亿公升。

为了解决石油和天然气的短缺，南非从20世纪50年代初开始进行合成燃料的研制和生产，即从煤炭中提取油和气。南非萨索尔公司的该项技术居世界领先地位。萨索尔公司主体业务是制造、加工和销售汽车和工业用燃油，也生产和销售航空用油、燃料酒精和照明用煤油。萨索尔公司还在加蓬开采原油，在南非国内炼油厂加工，并通过销售网络和中心出售燃油。2004年初，萨索尔公司开始向客户供应莫桑比克天然气。该公司还在开发两个气体液化的项目。天然气的开发是该公司新的增长点，目前萨索尔已经进入南部非洲和西非地区的天然气勘探和生产。

煤气、天然气的供应，占南非能源消耗的1.5%。南非天然气的开采和加工开始不久，位于开普半岛南端的莫塞尔湾的天然气田，据说有15到20年的开采寿命，并有很好的化工生产前景。2002年，南非建立了国家石油、天然气和燃油公司，负责石油和天然气的勘探以及生产和销售利用海外天然气合成的燃油。西开普省的莫塞尔湾有世界最大的商业化天然气液化工厂。

> **【走近南非】**
>
> 钢铁工业是南非制造业的支柱，拥有六大钢铁联合公司，130多家钢铁企业。生产现代化程度堪称世界一流。汽车、服装、纺织等行业非常发达。南非能源工业基础雄厚，产值约占南非GDP的15%。电力工业发达，发电量约占全非洲的2/3，其中约92%为火力发电，为世界上电费最低的国家之一，此点备受家到南非进行投资的普遍赞赏的外国实业。

为了推动可再生能源的开发，南非政府2002年发表了《可再生能源白皮书》，并制定了可再生能源发展战略。

生物燃料 木柴是农村地区居民炊事和取暖的主要燃料。为了使天然林地得到保护，南非国家电力公司在东开普省的边远农村地区利用木材厂的废料开发生物发电。

太阳能 南非日照充足，大部分地区达到每年日照2500小时，每天日光辐射水平达到每平方米4.5～6.5千瓦时，高于美国和欧洲的日照水平。南非正在开发太阳能设备工业，生产太阳能热水器。太阳能还被用在农村地区的抽水和卫生设施。

风能 风力发电在南非也有很大开发前景。目前，南非国家电力公司正在西开普省地区建设风力发电场，该项目得到丹麦政府的支持。

南非在全球温室气体排放总量中所占份额不大，但是按照人均标准，南非高于全球平均水平，也高于其他中等收入发展中国家的排放量。而且，南非每吨二氧化碳排放所产生的经济效益为259美元，高于韩国(131美元)，但是低于巴西(418美元)和墨西哥(484美元)。

　　南非的能源部门是温室气体排放的主要来源，其中包括火力发电和家用燃煤以及煤炭转换燃油的生产过程。姆普马兰加省高地是南非火力发电厂集中的地区，也是萨索尔公司最大规模的煤转换燃油工厂的所在地，因此能源工业对环境的影响在该地区最为明显。同时，南非仍然有95万户家庭使用燃煤，300万家庭使用木柴做燃料，不仅造成室内空气污染，也是二氧化碳排放的重要来源。

　　南非政府在2005年批准"能源有效利用战略"，目标是到2015年将能源利用率提高12%。能源有效利用战略包括国家电力公司对需求的管理，以及各大城市制定和实施能源有效利用战略。南非32个大公司同矿业与能源部及国家电力公司签订了能源效率准则，承诺实现该战略规定的目标。同时，政府对家庭能源节约进行宣传和普及。南非矿业与能源部及有关部门正在推广家庭利用太阳能以及改造炉灶以充分利用能源等计划。

第三节　制造业、冶金业、化学工业的发展

　　19世纪后期南非矿业的开发，带动了农产品加工和相关工业的发展。但是直到19世纪末，南非的经济仍以农业和矿业为支柱。当时南非的制造业主要是酿酒、制革、油烛制造等农产品加工业，只是为满足国内市场的需求。直至20世纪20年代，南非制造业产品仍很大程度上依靠进口，比如矿山机械、纺织、服装等。随着矿业的发展和城市的扩大，推动了新工业部门的兴起，以满足城市居民对加工食品和服装鞋类的需求。南非政府鼓励当地制造业的发展，通过建立国有企业发展电力供应、钢铁产业，并通过关税政策保护当地制造业的发展。

　　在第二次世界大战期间，南非制造业产出以每年6%的速度增长。1948年以后，南非制造业的发展更快。在20世纪50

年代初期，南非制造业产量达到年均增长13%左右。与此同时，南非的重工业得到巨大发展，特别为满足国内制造业发展的钢铁业成为增长的重点。南非制造业在政府税收优惠政策的支持下，发展成为资本集中的产业。在20世纪60～70年代，南非制造业经过一个世纪的发展，逐渐形成门类齐全的产业，包括冶金、机械、化工、电子、纺织、服装、食品加工、造纸等部门以及军事工业，有些领域在国际上居领先地位，具有竞争优势。南非制造业所需原材料大部分来自国内，只有纺织、家具(硬木)、化工、交通器材等方面仍不同程度地依赖进口原料和中间产品。

　　在种族隔离时期，白人政府对制造业实行贸易保护政策。20世纪70年代，南非制造业大型企业的固定资产存量稳步增长，到80年代满足国内市场的生产能力已经过剩(相对于白人经济社会需求而言)，但是吸收劳动力的潜力不大。当时由于经济发展速度放缓以及长期的高通货膨胀和债务负担，使资本集中的制造业的增长速度下降，1981年增长率为3%，1991年下降到25%。下降最大的行业是纺织业、制鞋业、化工产业以及有色金属产业。20世纪90年代初，制造业产出占南非生产总额的22%；发展劳动密集型制造业成为政府的产业政策。

　　1994～1995年，南非制造业生产能力的利用率出现急剧增长，煤炭加工、有色金属、家具制造、制鞋业的生产能力利用率超过90%。但是南非制造业的国际竞争力并不高，特别是长期经济制裁造成的设备落后，需要大量的固定资产投资。制造业面临更加开放的国际市场和竞争压力，使得缺乏竞争力的纺织服装业出现收缩，而具有出口潜力的部门，如汽车业得到发展空间，制造业当中增长最强劲的是汽车和零部件生产。近年来，矿山机械、交通机器设备、汽车和电子机械等部门有明显的增长。南非制造业自2001年的增长趋势，在2003年受到兰特升值和出口竞争力下降的影响，造成短暂的下滑。但是受到国内需求旺盛的拉动，制造业在2004年出现4.3％的增长，2005年小幅下降到3.4％，2006年上半年达到4.1％，呈现稳步增长态势。

南非制造业在经济中的比重逐渐增加。1911年制造业占国内生产总值的4％，1950年占16.1％，1990年增加到25.5％。由于第三产业的发展，制造业占国内生产总值有所下降，2002年为19％，2005年为19.1％。近年来，制造业占国内生产总值的比例保持在1／5左右。

制造业产品出口仅占其生产总值的10.7％，其中1／4左右销往非洲各国。制造业产品出口前10项依次为：钢铁、有色金属制品、食品、纸张和纸产品、化工产品、金属制品、机械设备、纺织品、汽车车辆及部件、交通器材。长期以来，南非是一个原材料出口国和制成品进口国。除部分原材料外，南非进口需求主要是先进的机器和器械。1992年，出口制成品价值为251.88亿兰特；进口制成品价值为432.62亿兰特。

近10年来，随着产业结构的调整，南非制造业产品中高科技产品

【走近南非】

　　沃赛斯特产区葡萄酒生产以大型合作组织为特色。它也是最重要的白兰地产区。在过去的几年，这些大型生产组织中，有一部分开始出产瓶装优质葡萄酒。沃赛斯特附近的罗森乡村，分布着河谷土上种植的茂密葡萄园。这条葡萄酒之路上，10千米范围内就有18个酒窖。

比例增加。制造业产品占出口总值的比例1994年为25%，2003年增长到38%。高科技产品占制造业出口的比例1999年为8.2%，2002年为5.1%。

　　制造业是南非创造就业岗位的重要部门，因此在政府发展战略中占重要位置。南非政府推动制造业大型资本集中项目的发展，到20世纪90年代中期，制造业雇用员工占就业总数的18%，约140万人。到2006年制造业就业人数增加到173.7万人，但是占就业总人数的比例下降到16.2%。

　　与南非矿业的发展有关，冶金工业和机械工业是南非制造业的支柱。南非具有现代化的冶金和机械工业企业，多具有大型、技术先进和通用的特点。1994年共有9000家企业，雇员32.5万人，产值为600亿兰特，约169亿美元，约占第二产业当年生产总值的1/3。

　　冶金工业是南非制造业的主导产业。南非丰富的自然资源和良好的基础设施，为南非的制造业提供了发展的有利条件，形成相当规模的发达的制造业。冶金工业产值占制造业总产值的1/3，主要包括基础铁矿石和钢材、有色金属和金属制品。钢铁基础产业包括从冶炼到半成品再到初级钢铁产品的制造。南非钢铁产业2001年排在世界第19位；是非洲最大的钢生产国，占非洲钢产总量的60%。初级钢产品和轧制钢产品包括：钢坯、钢块、钢板坯、锻件、强化钢条、铁轨材料、钢丝杆、无缝钢管和6毫米以上钢板。南非是钢材净出口国，列世界第10位。2001年金属回收商出口约50万吨废钢。钢材进口2001年只占国内初级钢产品需求的5.8%。

南非钢铁冶炼业的主要企业有：南非钢铁公司(Iscor，规模最大)、高草原钢钒公司 (Highveld Steel and Vanadium)、司卡乌金属公司(scaw Metals，属于南非英美公司)、开普敦钢铁工程公司(Cisco)等。其中，南非钢铁公司供应南非所需

【走近南非】

南非农业发达，有南部非洲粮仓之称。2006年玉米产量为661万吨，小麦产量为217万吨。南非玉米生产主要依靠数千家商业性农场专门种植。

碳素钢的3／4。南非的冶金业和金属加工业，基本可以满足其国内对各种型号钢材、黑色和有色金属材料的需求。

南非的冶金业在国际竞争压力下不断进行合并和重组。1991年由高草原钢钒公司等几家钢铁公司和南非国有的工业发展公司组成的财团，收买了米德尔伯格合金钢公司，共同建设一个大型钢铁项目——哥伦布不锈钢公司(Columbus Stainless Steel)，并使该工程成为世界最大的不锈钢生产企业。由于一系列的并购，南非钢铁公司于2005年更名为南非米塔尔钢铁公司 (Mittal Steel South Africa)。米塔尔公司是非洲最大的钢铁企业，每年生产730万吨液态钢。该公司成为世界最大的钢铁跨国企业美国Arcelor Mittal钢铁公司的一部分。

南非的炼铝业很发达，是南非最大的有色冶金部门。但是，由于南非缺少具有商业价值的铝矿，因此原料依靠进口。南非主要的铝冶炼厂有比利顿公司 (Billiton)所属的里查德湾附

近的两个冶炼厂，年产量约95万吨铝；此外还有胡利特铝冶炼厂(Hulett Aluminium)。除了铝的冶炼之外，南非的有色金属工业还包括铜、铅、锌和锡。其他有色金属冶炼厂规模比例小，但是对于出口和赚取外汇却具有重要意义。

南非的化学工业在种族隔离时期处于被孤立和自我保护状态，主要是针对国内市场的内向型发展，实行进口替代政策。由于缺乏在国际市场的竞争，进口原料价格高，因此南非化工产品出口的竞争力差。新制度建立后，南非全面进入国际市场，提高化工产品竞争力成为相关企业的目标。南非化工部门有两个特点，一是上游部门比较集中和发达，而下游部门欠发达；二是煤合成的液体燃料和以天然气为原料的液体燃料以及石油化工业比较发达，在世界处于领先地位。南非成为全球第25位的化学工业国。

化学工业对南非经济有重大作用，对国内生产总值的贡献为5%，占制造业销售额的25%，就业人数约17.5万。南非化学工业在非洲规模最大，具有高度复杂性和多样性，一些最终产品包含多种化学原料，已达到质量要求。化学工业

中占主导地位的公司包括:萨索尔公司(Sasol),建于1950年,生产煤转换燃油、燃气和其他化学品、AECI (1924年建立的非洲炸药和化学工业公司,主要产品包括矿用炸药,生产、生活用化学产品)、DowSentrachem(1967年由20多个小工厂合并而成,现今已是南非最大的化工企业之一,主要产品包括农用化学品、树脂材料、合成材料等)。这些公司近年来开展多种经营,向第三产业扩展,特别是生产有出口潜力的产品。

第四节　汽车工业、电子通信时代的到来

　　汽车工业是南非最重要的制造业之一。南非汽车工业主要分布在两个省份，东南沿海的东开普省和处于内陆的豪廷省。世界多家跨国汽车公司在南非设厂，生产汽车配件和组装整车，满足南非国内和国际市场的需求。虽然距离汽车主要消费市场比较远，但是南非生产的汽车产品质量好而价格较低，具有竞争优势。南非汽车制造业出现快速增长，汽车产品出口增长，得益于南非与欧盟的自由贸易协定。

　　汽车工业对经济增长的贡献近年来呈增长态势。2006年初，汽车工业约占国内生产总值的7.4%，成为出口收入的重要来源，比10年前南非汽车装配工业的萎缩状态有了巨大改观。2004年南非汽车销售总量达到449 603辆，2005年增加到56 5018辆。汽车配件的生产比整车生产增长更快，

2004年占到汽车行业出口收入的60%。2006年国内的购车热由于利率的提高有所降温，但是汽车出口仍大幅度增长，超过50%。南非的主要汽车生产厂家有：德国大众公司、日本丰田公司、德美合资的戴姆勒–克莱斯勒(Daimler Chrysler)公司，以及美国通用汽车公司。

南非的目标是成为汽车工业公司投资的理想目的地。因此，改造和提升汽车工业，实现现代化以赶上国际竞争水平。南非目前利率低，有利于降低投资成本，因此吸引了世界大型汽车公司来南非投资。南非汽车工业的国内市场和出口前景都比较乐观，面临的挑战主要是如何提高产品的国内自给率。

通信和电子产业是南非经济中的新增长点，其发展速度超出世界平均水平。南非当地的信息通讯技术和电子部门共有3 000多家公司，形成一个具有相当规模的尖端产业。根据南非官方信息网的数字，其信息产业的投入排在世界第22位。南非已经拥有信息领域的尖端科技、设备和技术，并具有向非洲大陆迅速扩展的有利条件。南非的软件设计、开发的创新能力、生产水平和成本竞争力得到世界信息产业的承认。

南非的通信和电子产业分为三个分支：通信、电子和信息技术。

通信产业发展势头旺盛，目前已经占到国内生产总值的7%。南非拥有约550万个固定电话，排在世界通信发展的第23位，占非洲有线电话总数的30%以上。

是南非唯一的全国固定电话运营公司。该公司也是非洲东海岸海底电缆项目的主要推动者之一，该项目计划投资6.3亿美元，旨在满足非洲今后25年通信业发展的需求。南非第二家固定电话公司的竞标正在进行。

南非的移动电话市场每年以50%的速度增长，增长速度排在世界第4位。南非的卫星定位(GMS)移动电话市场有3个公司在运营，它们是Vodacom、MTN和Cell-C. 世界上有名的通信公司已经在南非投资，包括西门子、阿尔卡特、SBC通信公司(AT&T)、马来西亚通信公司以及全球最大的移动运营商(英国)。

南非的电子工业在创新和生产方面也在世界先进水平之列。该部门有生产能力很强的通用电子公司生产的专业电子产品，也有中小公司专门生产安全系统产品和预付款米表。南非电子产业存在众多的投资机会。

第五节　纺织服装业、商业的发展

20世纪20年代之前,南非纺织品和服装大多依靠进口,本地主要生产毛毯和床单等家用纺织品。20世纪50～60年代才出现生产编织、机织面料、棉纱、人造纤维和精纺羊毛、羊绒的厂商。南非纺织服装业规模不大,但是追求技术和质量。由于技术的不断发展,南非形成资本密集型的纺织服装业,合成纤维织物的生产不断扩大。南非是聚酯纤维和尼龙等人造纤维的生产大国,人造纤维的消费量占其纤维消费总量的67%。

服装工业也进行了技术更新。南非当地市场日益呈现对高质量服装的需求，即对精细的世界水平的产品需求量不断增加。因此本地纺织服装业根据市场需求，发展起全面的相关行业，从天然与合成纤维生产，到无纺布、纺纱、编织、簇绒、印染和精加工产品。自1994年以来，南非投入9亿美元用于纺织服装业的现代化

【走近南非】

南非有非洲最完善的交通运输系统，国家级公路9400公里。高速公路发达，管理先进，曾名列世界第三。航空业发达，南非航空公司拥有包括30余架波音飞机和15架空中客车等民航机，是世界排名前50家航空公司之一。

和技术更新，以提高该行业的效率和竞争力。

目前南非共有约450家纺织厂，主要进行服装面料和家用纺织品的生产。纺织业是南非第11大制成品出口行业，占南非GDP约1.2%。2001年南非纺织品本地销售额为105亿兰特；服装出口额14亿兰特，纺织品出口额25亿兰特，出口市场主要是美国与欧洲。由于美国《非洲增长与机会法案》给予免关税优惠，南非出口美国的服装纺织品2001年增长62%。

南非纺织产品主要包括：

精纺毛条。南非2000年产出4980万千克羊毛，其中以美利奴羊毛产量最大，精纺度平均在24微米以下。90%的毛条通过拍卖的形式销往国外。

马海毛。南非东开普省的马海毛产量居世界之首，占世界产量的60%。

棉花。南非2000／2001年棉花产量约4000万千克，可满足本国市场需求的40%，其余依靠进口。主要进口国家为津巴布韦、赞比亚和莫桑比克。除此以外，南非每年还需从中国、印度、巴基斯坦和津巴布韦等国进口棉料。

剑麻。南非所产剑麻质量好，受到各国市

场青睐。近两年剑麻产量略有下滑,平均每年约1 000吨。

人造纤维。南非是聚酯纤维和尼龙等人造纤维的生产大国。人造纤维的消费量占其纤维消费总量的67%。

南非服装业情况:据南非官方统计,南非约有2 500家服装厂。南非年

服装产量约4.35亿件,其中45%为内衣、领带、泳衣、帽子和T恤等小件服装。自1994年新政府上台、国际贸易封锁逐步解除后,南非的服装贸易才开始起步。新政府采取的自由贸易政策将服装的进口关税由1994年的90%降至2002年的40%。2001年南非服装进口额1.69亿美元,出口额2.22亿美元。来自中国、马拉维和印度的服装占南非服装进口总量的61%。美国和英国从南非进口服装的金额占其服装出口总量的68%。

在早期的非洲人部落社会中,存在以物易物的贸易关系。南非土著居民与外部世界的交换关系可以追溯到1497年,葡萄牙冒险家范斯科·达伽玛率领的远征舰队到达非洲南端的莫塞尔湾(Mossel Bay),用面包和酒交换科伊人的牲畜。16世纪荷兰、英国、法国以及北欧国家驶往亚洲的商船,也在开普半岛补充淡水和牛羊肉。这种交换方式持续了几个世纪。17世纪后半期欧洲移民在南非落脚之后,发展起农业和畜牧业,给欧洲过往的船只补充给养,同时南非白人社会依靠外部的商品供应,因此南非沿海地区商贸活动日渐发展。后来,白人移民向内地扩张,商贩用马车、牛车贩运货物进行买卖。19世纪南非矿业兴起,矿业公司的资金日渐雄厚,开始直接进口所需货物,威胁到沿海商人的垄断地位。随着威特沃特斯兰矿业地区

制造业的发展,沿海进口商行的作用日渐减弱。但是,围绕矿业的商业服务业逐渐兴旺,1892年建立了南非商会联合会。

在19世纪中叶南非矿业开发和相关工业兴起时期,非洲人面临新的商品经济的挑战,采取的是起而应对的姿态。非洲人抓住机会开办商店、经营矿业,并且进入商品农业领域。但是很快,非洲企业的发展势头遭到打压。白人殖民当局制定法律和规章,强行剥夺非洲人的商业所有权,禁止非洲人在土著人保留地之外拥有土地及经商,非洲人商贩只能在非洲人住区经商。在奥兰治自由邦,非洲人的商业活动完全被禁止,以保护白人商人的利益。

1948年主张种族隔离的南非国民党上台执政后,于1950年公布的《种族住区法》,规定"有色人"和印度人在其划定的住区之外不准经商或办企业。1955年,白人政府规定非洲人在划定的非洲人保留地之外不准从事商业活动。对于那些已经在白人区经商的黑人,则强制他们在黑人区另外寻找场所。两年之后,非洲人住区的黑人商家也必须得到"土著行政官员"的批准才能在当地经商,当局的解释是他们与白人商业形成了竞争。20世纪60年代以后,对非洲人经商的限制更加广泛,在非洲人住区也不准许非洲人经商办企业。1968年,对非洲商人的限制更加严格,规定每个非洲商人只能有一个商铺,禁止非洲商人向其他人种

的南非人卖东西或运送货物。凡此种种,使得非洲人失去经商和积累财富的条件,白人垄断了商业活动。

南非传统的商品销售以农贸商店为主,后来发展成为更常规、更专业的零售商店,在沿海地区长期存在这种经营形式,货源主要依靠批发商。在经

【走近南非】

南非除以黄金、钻石生产闻名于世外,其他矿藏也十分丰富,根据南非矿务局统计数据,2005年已探明的矿藏储量是:锰40亿吨(占世界储量的80%)、铬55亿吨(72.4%)、钒1200万吨(31%)、蛭石8000万吨(40%)、铀34.1万吨(7.2%)、钛2.2亿吨(18.3%)、锆1400万吨(19%)、氟石8000万吨(16.9%)、锑20万吨(6.4%)、磷酸盐25亿吨(5%)、铅300万吨(2%)、锌1500万吨(3.3%)、铜1300万吨(1.4%)。

济发达人口集中的矿业和金融中心威特沃特斯兰地区,后来发展起独立的零售业,形成连锁的商品集散网络,不再依赖批发商,并且与批发商形成竞争关系。第二次世界大战时,南非的制造业和商业得到空前的发展机会。1942年,阿非里卡人商业协会成立。第二次世界大战后,南非零售商业进一步发展,到20世纪60年代,零售业的发展出现销售额大幅度增长和连锁店迅速发展的形势。但是,南非掀起"买南非货"的运动,使得进口货物中直接用于消费的物品的比例由40%降低到15%。这一时期,对市场研究的投入增加,1963年对市场研究的投入占国民收入的0.05%,影响最大的市场研究机构是南非大学市场研究所 (Bureau of Market Research of the University of South Africa)。南非零售业商品的90%来源于国内。1970～1971年,南非零售业商品50%是食品、蔬菜、水果和综合类商品,其次是肉类、纺织品、家具、化工产品和杂货类等。

20世纪60年代中期到70年代末,南非制定了一系列商业管理方面的立法。1964年出台《物价控制法》,依照该法建立由工业部、商业部和旅游部组成的物价管理机构,其职责是以政

府公报或书面通知的方式公布商品（包括服务）的最高限价。其他立法有1963年的《商标法》、1967年的《设计法》、1978年的《专利法》等。对零售商的管理曾实行许可证制度，后来逐渐放松，目前只需要向管理机构注册。

　　超级市场和商业中心的发展在南非已经有几十年的历史。随着大都市的发展和人口的集中，南非国内贸易方式也出现巨大变化，形成若干现代化的综合中心商业区。在约翰内斯堡周围地区、开普敦大都市区、伊丽莎白港和东伦敦地区、德班和彼得马里茨堡地区、布隆方丹和自由邦金矿地区等大城市郊区，建设起巨型的超级市场和商城，形成一站式和自助式的购物方式。20世纪70年代以后，黑人就业的增加和购买力的上升，也是推动南非零售业发展的一个因素。但是，在可支配收入总额中，1985年黑人占31.8%，白人占55.5%。南非黑人城镇零售业和超级市场的发展大大落后于以前的白人地区。1994年以后，黑人城镇的商业才得到平等的发展机会。

　　农村地区的销售系统中一个重要渠道是农业合作社，从事批发和零售业务，提供种类多样的商品。

第六节　商业的财富秘密

南非具有非洲大陆最发达和成熟的商业体系。基本实行自由市场制度,政府的管理主要在物价监控和质量监管方面。国家统计局定期发布消费物价指数和生产物价指数。南非贸易与工业部设有消费者和公司管理处(Consumer and Corporate Regulation Division),负责管理酒类和博彩行业以及商业竞争和消费者保护政策。该部下设的公司和知识产权登记处,负责公司和知识产权注册,保留相关注册,整理信息以向利益相关方披露。正在起草的《消费者保护法案》

(Consumer Protection Bill)，旨在通过整合统一现有的各种消费方面的立法，维持公平、便利的消费市场和信贷秩序，特别是保护弱势的消费者免遭不法商人的侵害。

南非有遍布全国的商品配送和销售系统和方式，包括使用代理人或分销员，通过现有的批发商或商人，直接把商品卖给百货商场或其他零售商，或者建立分支或附属机构。

南非商业部门雇员约占就业总人数的1/10。2005年，零售业和批发业雇员总数为999 451人。

零售业 南非零售业有多种销售渠道，包括邻里便利店，小型综合店，经营单一商品的专卖店(如服装、电器、家具店)，时装专卖店，连锁店(食品、服装、盥洗用品、家庭用品)，百货公司，现金支付并提货的批发和零售商店，服务农村地区的合作商店。这些商店90%的商品货源来自南非国内。

南非的超级市场(分为特大型市场和超级市场)被认为具有世界一流水平。南非各大城市都有现代化的大型购物商城，被称为Mall。由于运用先进技术，并受到经济全球化的影响，货物供应充足，商品零售很兴旺。大型商城的营业面积远远超过以往的连锁商店。这些超级市场销售的大量货物是通过自助方式进行的。超级市场建在城市郊区的商业中心，改变了以往商品

分销的链条，不再直接从制造商采购，也越过了批发商。超级市场的销售方式利润率低但是营业额高，对其他竞争者在价格上构成压力。

特许经销业在南非正在日益发展，所有大型食品零售商在特许经销方面占重要地位。很多公司选择这种销售方式的原因是风险低，上货快。

售后代理对于外国出口商很重要。对于技术性产品的售后服务，外国商人需要指定南非当地的售后代理。这个代理公司可能不进口或经营相关产品，但是它必须在地理位置、技术能力和经营理念等方面符合要求。对于外国公司或商人，确定适当的售后服务代理很重要，它可以保障代理的产品在南非市场培养起良好信誉。

南非零售业也在向国际市场扩张。澳大利亚由于气候和消费者基础与南非类似，成为南非零售商的首选。其他国外市场还包括中东和非洲国家，它们与南非相近，而且利润率高。在激烈的国际竞争当中，南非零售商努力提高效率和降低成本，以提高利润率。

2005年，南非零售业的总收入为3 122.63亿兰特，其中最大份额来自销售食品、饮料和烟草的非专营商店，占总额的25.6%。同年零售业支出总额为2 971.72亿兰特。最大的贡献同样来自销售食品、饮料和烟草的非专营商店，

> **【走近南非】**
>
> 商超是南非老百姓购买葡萄酒的主要去处。这里经营的多是中低档葡萄酒，价格实惠，选择多多，是发现物有所值和物超所值的地方。

【走近南非】

南非铁矿资源丰富,储量15亿吨,在全球居第九位,绝大多数是富铁矿,其中85%的铁矿石品位在66%至69.9%之间。2007年铁矿石产量4 130万吨。

占26.3%。2005年,零售业税前净利润为167.73亿兰特,其中盈利最多的商品是纺织品、服装、鞋类和皮革制品,利润金额为65.45亿兰特,占净利润总额的39%。

批发业 大宗消费品,或者工业原材料的进口,通常通过现有的批发商进行。同时,很多消费品的外国出口商直接卖给南非的零售组织,包括消费公司、百货商场、连锁店、独立零售商人的合作社。这些组织也进行批发、销售和存储。

南非批发业2005年总收入为537 516亿兰特。销售收入来源占第一位的是食品、饮料、烟草(982.50亿兰特,占18.3%);其次是机器、设备和耗材(937.31亿兰特,占17.4%);再次是燃料及相关产品 (865.27亿兰特,占16.1%);其他家庭日用品(735.51亿兰特,占13.7%)。

南非四大超级市场集团 (1)批克恩赔公司(Pick'n Pay)是家族控制的企业,1967年购买了4个小商店,1968年在约翰内斯堡股票交易所上市,目前是非洲最大的食品、服装和普通商品的零售商。批克恩赔公司的商店形式多样,由各自所处的地理位置和服务的社区而定。该公司的管理分为零售分部董事会管理和集团企业分部董事会管理。零售部分是其核心业务,包括特大型市场(设在郊外)、超级商场、家庭特许商店、肉店以及金融服务机构。集团企业分部管理该公司其他业务,包括为该公司在南非和国外寻找投资机会。

该公司的特大型商场是最大型的商业形式,在全国有16家市场。每一个特大型商场都是一站式打折零售,包括食品和一般商品。该公司在南非全国还有142家超级市场,与特大型商场以价格占优不同,以便利为其竞争优势。超级市场以新鲜食品为特色,而且品种丰富。超级商店介于特大型商场与超级市场之间,第一家超级商店1980年开设,1998年被合并到临近的超级市场。

批克恩赔公司的家庭商店是该公司最初经营方式的继续。家庭商店的进货和运营得到总公司的支持。家庭商店的优势是可以深入到小的社区,并且营业时间长。在南非境内现有127家这类商店,在纳米比亚有5家分店。

集团企业分部管理特许经营,这是公司推广自己的品牌并减低金融风险的方式之一。而且特许销售使该公司得到很多机会,可以进入那些公司商店不能得到批准的领域。集团企业分布在全国,共经营172家商店,包括115家公司商店和57家特许专营店。

(2)斯帕尔公司(SPAR)建立于1960年,最初是食品杂货连锁店。1963年有8个批发商归入其名下,为500个小零售商供货。该公司遵循"自愿贸易"原则,鼓励旗下的零售商应用公司的销售力量向当地商人采购,因此该公司的零售点各有特色。目前有6个分销中心,向南非800个商店提供货物与服务。2005年,斯帕尔公司在约翰内斯堡股票交易所上市。

(3) 绍普莱特集团公司(shoprite)是非洲最大的食品零售商,总部设在南非西开普省,它在非洲、印度洋沿岸和南亚地区的17个国家共经营1181个分支机构。该公司是约翰内斯堡股票交易所的上市

【走近南非】

南非是非洲煤炭资源最丰富的国家，已探明储量550亿吨，占世界的10.6%，居世界第五位。南非是世界第三大煤炭出口国。南非"煤变油"项目独具特色，是世界上唯一利用煤炭液化技术大规模生产合成燃料的国家。

公司，同时还在纳米比亚和赞比亚的股票交易所上市，共有约5000个股东。该公司目前雇员人数为68 987人，过去4年间创造就业18 000个。该集团公司还为零售和批发部门培训技术和管理人员。

（4）伍尔沃斯公司(Woolworths)于1931年建立于开普敦，1934年在德班开设第二家分店，1936年又分别在伊丽莎白港和约翰内斯堡开设分店。目前，伍尔沃斯公司的商品在149个公司商店销售，同时在非洲和中东有51家特许店，在南非有69家特许店。

网上销售　南非国内零售业的在线销售呈上升趋势。网上零售商利用先进的技术和销售战略，形成逐渐成熟的网上交易市场，为买主提供便利的购物条件。它吸引买主的另一个因素是在线购物极少出现假货，而且提供个性化服务。消费者本身的成熟也是原因之一，便利的网上商品信息查询使买主增加了自我保护的可能性。

2006年第三季度，南非在线销售额达到231亿美元，比2005年同期的188亿美元增长23%。2006年前三季度在线销售额为691亿美元，同比增长24%。

第七节 商业组织的始末

(一)商业基金会

商业筹划基金会（Business Map Foundation） 是一个非盈利的研究组织和智囊机构，关注南非和南部非洲地区的经济转型，对经济和投资问题进行广泛的研究并提供信息。

商业领导人基金会(Business Leadership Foundation) 是南非大公司和重要跨国公司的联合会，关注南非的经济增长、创造更多就业机会、包容性和减少贫困，在南非有重要地位。

戈登商学研究所(Gordon Institute of Business Science) 设在比勒陀利亚大学，其宗旨是通过各种活动和计划来提高个人和公司的竞争能力。

(二)全国性商业联合会

南非统一商会 (Business Unity South Africa) 建于2003年，由南非黑人商业委员会和南非商会合并而成的商业联合会，是南非第一个不分种族的统一商业组织。它包括南

【走近南非】

南非的葡萄酒专卖店在葡萄酒经营方面非常专业，档次从低到高，种类从南非到进口，产区、品牌的选择也丰富，一些专业酒廊还提供品尝服务。提供了品牌选择与专业服务，酒的价格自然也就高了。

非的商业行会、工业行会、专业和公司联合会以及单一部门雇主组织的联盟，是南非商业的主要代表。它关注南非的宏观经济和影响国内国际的高层次问题。

南非商业和工业商会(Chambers of Commerce and Industry South Africa)　2003年10月由南非四个主要的全国性商会联合而成。

(1)南非商会(South Africa Chamber of Business)，是南非最大的商业组织，会员有2万家企业，包括南非80家最大的公司，20个特定部门的商业联合会。它关注的重点是影响南非商业社团的经济、社会和政治问题，每月发表商业信心指数。

(2)全国非洲人商业联合会(Nafcoc)，是独立的商业援助组织，主要服务于黑人经济，扶助公司和小企业。

(3)阿非里卡人商会(Afrikaanse handelsinstituut)，建于1942年，是多部门的雇主组织，包括南非经济的几乎所有行业。

(4) 非洲人商业和消费者服务基金会 (the Foundation for African Business and Consumer Services)，成立于1988年，目的是使黑人经济进入南非的主流经济。该基金会有9个地区组织，由设在约翰内斯堡的秘书处管理，会员多达1万家公司，大部分是小企业

和非正规经济部门的企业。

(5)米纳拉商会(The Minara Chamber of Commerce),是代表和支持南非穆斯林商业和企业的商会。该组织的宪章和工作遵照伊斯兰行为准则和道德。

(三)省级商会

南非9个省都有地区性商会,其中以豪廷省最多(9个),其次是西开普省(5个),其他省各有1~2个商会。

第八节　理财达人的致富之道

网上购物，省钱不忘风险

在现实中，由于地区差异、空间距离、发展水平等原因，商品在销售过程中会经过很多道环节，其成本往往会被一步步提高，价格也相对变高。

网络上的卖家大多都有各自的进货渠道和价格优势，而网络平台又提供给大家一个广大的、相对公平的竞争平台。由于减少了中间环节、店铺租金等费用，所以网店所售产品的价格与实体店相比会便宜不少。众多时尚的"80后"也逐渐习惯于在网上购物了。

1.网上购物的优点

不仅如此，现在由于物流业的发展，平邮、快递、EMS等运输网络得到了很好的发展，这大大降低了商品的运输时间，也是吸引消费者的一大理由。

综上所述，网上购物的主要优点有以下几点：

运营成本低，网上商品价格便宜，品种丰富，可以货比三家；

订货不受时间限制，足不出户即可轻松"逛街"；

【理财密码】

现在，越来越多的厂家开始注重网络营销，除了建设自己的网部，也开始在淘宝、拍拍等平台上开设自己的旗舰店。

支付过程无现金参与，免去传统交易携带大量现金的不安全性；

商品送货上门，买家无须搬运。

2.网上购物应对风险措施

网上购物有风险，有些网店经营者利用网络交易，双方互不见面的特点，以欺诈、假冒、虚假宣传等手法，使消费者的购买时品商产生损失。以下是消费者在网上购物时要多注意的问题；

消费者在购物的时候不要被网上的虚假广告所迷惑，尤其不要轻易相信网上热销、打折商品信息；

消费者要在有正规经营权的网站购买商品。其网站都标有网上销售经营许可证号码和工商行政管理机关红盾标志；

购买商品要选择货到付款的方式，不买大件商品；

消费者在购买之前要仔细察看该产品的售后服务是否齐全，注意索要购物发票或收据。

团购，省钱就是赚钱

团购即团体购物，是一种新兴的电子商务模式，是指通过消费者自行组团、专业团购网站或者商家组织团购等形式，将广大消费者联合起来。根据薄利多销、量大价优的原理，加大消费者与商家的谈判能力，以达到获得更优价格的一种购物方式。

团购改变了传统消费的游戏规则，赢得了众多"80后"年轻人的青睐,在"省钱才是硬道理"的号召之下,小到服饰、文具、水果、手表等小商品,大到电视、冰箱、建材、家居等大件商品,甚至汽车、房产……都会出现在团购活动上。虽然目前团购还不是主流的消费模式,但是其潜力和爆发力已经显露无遗。

1.团购的优势

对于消费者来说,团购带来的好处主要有以下两个方面。

(1)省钱、省时、省心、省力

团购的本质相当于批发,而团购的价格也相当于产品在团购数量时的批发价格,所以团购的价格将会远低于市场零售价。

对于现在越来越多的"80后"宅男宅女来说,已经习惯在网上购物了,而面对网上良莠不齐的商品,要真正挑选到自己满意又物美价廉的商品也需要耗费不少的时间和精力,团购的出现可以让人省下不少的时间和精力。

(2)团购品质保证

如果想要获得良好的成交量,参加团购的产品必然会详细地介绍产品的性能、规格等信息,同时还会有团购组织者以及其他购买者对其客观的评价。此外,正规的团购网站还会为消费者提供购物保障服务,如果发现团购产品的质量或者服务有问题,会由团购网站出面调解或者进行赔偿。

2.团购的风险

团购作为一种新兴的消费方式,目前还没有相关的法律法规对其进行约束,因此,由团购引起的诈骗和纠纷也屡见不鲜。因此,消费者除了享受团购

带来的价格优惠的同时,还要提高自己的警惕性。

例如,对于某些价格缺乏透明度的产品,会出现商家标高价格之后再进行打折的情况;有些不正规的团购网站也会出现消费者支付团购费用之后,网站经营者携款潜逃的案件;此外,由于目前很多团购网站只是一个临时组织的相对松散的团体,一旦消费者与商家出现售后纠纷,团购网站的经营者很难起到什么实质性的作用。

所以,消费者在选择团购平台的时候要尽量选择专业、信誉度较高的平台,此外,对参与团购的商家也要有所了解,避免不必要的麻烦。

第九节　南非名人榜——曼德拉

走上领袖之路

1944年是曼德拉人生道路上的关键之年，他参加了非国大，并参与组建主张改革的非国大青年联盟，1950年当选青年联盟主席，1952年当选为非国大副领袖。1961年参与创建非国大军事组织"民族之矛"并任总司令，领导开展反对种族主义政权的武装斗争。1962年6月被捕。1963年6月以"阴谋颠覆罪"被判处终身监禁，直至1990年2月获释，连续坐牢长达27年8个月。1991年7月当选为非国大领袖。1994年5月，当选为南非历史上第一任黑人总统。1997年12月主动辞去非国大领袖之职。1999年6月总统任期结束，不参加竞选，自动退出政坛。

【走近南非】

　　纳尔逊·曼德拉，南非第一任黑人总统。1918年7月18日生于南非东开普省乌姆塔塔地区。父亲是当地科萨人藤布部族酋长。曼德拉9岁时，父亲病逝，由母亲抚养，成年后不愿在家乡享受贵族生活，青年时代就投身黑人解放事业。

曼德拉历经27年的铁窗生涯，是当今曾被关押时间最长的著名政治人物，其间，不仅生活条件极其艰苦，参加繁重的苦役，而且他把监狱作为反对种族主义政权斗争的新战场，以顽强意志进行各种知识的学习，并鼓励其他难友，特别是年轻人抓紧时间学习一切知识。还组织难友们进行种种反抗和斗争,配合南非全国的反对种族主义的声势浩大的群众运动,产生了重大的影响,争取了国际上的广泛同情和支持。

努力建设新南非

曼德拉出狱后,积极同以德克勒克为首的南非执政的国民党以及其他政党开展艰难的多党谈判,努力争取通过谈判方式,实现民主、统一、多种族的新南非。他为新南非的诞生做出了巨大贡献,被誉为新南非之父。

曼德拉在担任首任黑人总统期间,尽管年事已高,仍以饱满的热情建设新南非,政治上执行种族和解政策,努力维护国家的稳定和种族合作,强调黑人和白人忘掉过去,一起建设国家。经济上实施稳步的国家发展战略,实行混合经济,执行《重建和发展计划》,贯彻《增长、就业和再分配战略》。关心改善广大黑人的贫困生活状况。新南非经济出现了恢复的良好势头。黑人在政治、经济、教育、社会等方面状况有较大的提高和改善。

曼德拉两次访华。1992年1月,他作为非国大的领袖应中国政府邀请首次访华,中方给予近似国家元首的高规格礼遇。曼德拉感谢中国对非国大的长期支持和帮助。1999年5月,曼德拉作为总统访华,他向中国领导人表示,中国的万里长征和中国人民为解放全中国进行的英勇斗争曾给南非人民反对种族隔离斗争以巨大鼓舞。他完全赞同中国与南非建立面向21世纪的建设性的伙伴关系。

第二章　财政和金融的兴盛时代

　　南非1996年宪法第13章对新制度下的财政金融体制有明确的规定。国家的总体财政事务包括:国家岁入基金;公平分享和分配岁入;国家财政控制;政府采购;政府担保;公职人员薪酬。

每个人都想成为富人，但是穷人与富人最大的差别就是富人懂得用自己手里的钱去投资，而穷人只会就着手里的钱生活，钱用完了就什么都没有了，也只有下一次再去赚钱。富人的钱会越来越多，并且通过钱来赚钱也会越来越简单。社会上之所以有穷人与富人，并且穷人与富人之间的差距越来越大，最直接的原因也是富人懂得靠投资来维护自己的资产甚至是让资产像滚雪球一样越滚越多。

随着社会的发展和时间的流逝，货币的购买力只会变得越来越低，只有用钱去投资才能实现保值和增值的作用。钱只是货币而已，我们不要赋予它过多的能力，比如说拿着钱给人安全感什么的，把钱流动起来才有可能实现财富的积累。

第一节　财政对经济的调控

(一)财政制度

宪法对全国性财政金融管理机构的规定包括:金融和财政委员会的建立、成员任期和报告制度;中央银行(即南非储备银行)的建立、基本目标、权力和运作;省级和地方政府的财政事务。

国家岁入基金　根据1996年宪法第13章第213条的规定，中央政府接受的全部款项必须上缴国家岁入基金 (National Revenue Fund),除非根据议会的相关立法可以被排除的款项。从国家财政收入提取款项,只能按照议会相关立法规定的额度,依照宪法或法律的规定,需要国家岁入基金直接支付的款项。各省平等享有的国家财政收入,属于国家财政收入基金直接支付的款项。

各级政府预算　1996年宪法对中央、省级和市级政府预算的规定包括:

——各级政府制定预算的

程序必须透明、负责,并有效地管理财政经济、债务和公共部门。

国民议会必须规定各级政府预算的形式、呈交议会的时间,并要求各级政府的预算必须说明财政收入的来源,计划开支项目必须符合国家法律。

各级政府的预算必须包括收支估算,区分资本项目与经常项目开支;对可能出现的财政赤字提出筹措资金的计划;对下一年度由于借贷或其他形式的公共负债而造成公共债务的增加必须说明意图。

财政部管理 国家依法建立财政部。国家财政部的宗旨是通过负责任的、节约的、公平的和可持续的公共财政管理,促进经济发展、治理良好、社会进步和人民生活水平的提高。宪法规定确保政府各部门开支的透明和得到控制的措施,包括必须采用公认的会计规则、统一的支出分类及财政部统一的规范和标准。

政府采购 宪法规定:中央、省级或地方政府的任何机构订购货物或服务,必须符合公平、透明、通过竞标和成本核算制度。

政府担保 中央政府,省政府或市政府可担保贷款,但该项担保必须符合国家立法规定的条件。各级政府每年必须公布说明它所提供的担保报告。

【走近南非】

开普敦和约翰内斯堡是南非一西一东两个主要国际航空港口。免税店里有为数众多的葡萄酒可供选择,包括产量大的大品牌和品质精的小品牌的产品。价格在10~35美元间,可以根据自己的喜好,选上一瓶典型单品种白酒,一款南非特有的Pinotage以及一个波尔多调配。

职人员薪酬** 议会必
须通过立法，建立职人员
薪酬制度，确定国民议会
议员、全国省务院常驻代
表、内阁成员和副部长、传
统领导人和传统领导人委
员会的成员的工资、薪金、
津贴和福利以及省议会委
员、行政会议成员及各类
市议会议员的薪金津贴或

【走近南非】

南非在1850年已发现零星金矿。1886年3月的一天，来自澳大利亚的淘金者乔治·哈森，在现今约翰内斯堡地区的农场快步下山时，被草丛中的一块石头绊倒，他捡起来用力向下砸去，发现一块碎石闪着金光。他欣喜异常，带回农场在水盆里洗出了发亮的金砂。这一喜讯，让人们后来发现了世界上最大的金矿区，一条长430千米、宽24千米的弧形金带。这是世界上黄金储量最大的矿区。各国的淘金者蜂拥而至，南非成为全球盛产黄金的闻名之地。

福利的上限。国家立法机构必须建立一个独立的委员会对上述人员的薪金、津贴和补助款提出建议，只有在考虑独立委员会的相关建议之后，议会才能通过有关立法。

(二)财政政策

1. 实施财政紧缩和货币从紧政策，遏制通货膨胀

南非新政府1994年成立后，面临巨大的就业压力，在百业待兴、信贷需求旺盛的形势下，实施财政紧缩和货币从紧政策，以保持金融秩序的稳定，抑制通货膨胀。它不求一时的高增长，争取在经济结构调整的过程中，逐步为可持续增长创造条件。

1996年2月至10月，南非出现金融危机，人们的投资信心受到影响，出现资本外逃和货币贬值，兰特下跌23%，资本净流入从1995年的190亿兰特降至1996年的40亿兰特，即不足10亿美元。由于外汇储备很低，不足以支持，只能让汇率随市场调整，至同年11月停止下跌。当年经济增长降至3%以下。

1996年6月，南非政府出台宏观经济发展战略《增长、就业和再分配——宏观经济发展战略》(简称GEAR)，以促进经济增长和创造

就业为目标。其措施包括：加速金融制度改革，限制短期信贷的发放，以控制通货膨胀；逐步削减政府财政赤字，每年递减0.5%，同时改革税收制度；保持货币政策的稳定，逐步放宽外汇管制；进一步降低关税，三年内把保护性进口关税降低30%；以税收优惠政策吸引外资；逐步实行国有资产私有化；扩大基础设施建设，以支持工业和地区发展。

南非政府从1998年开始，实行"三年中期开支框架"，即三年滚动预算，以保证公共财政的良好运行，削减政府开支，改进国内储蓄，降低通货膨胀。财政赤字从1993／1994年度的10.1%，下降到1998年的3.9%。主要消费品物价指数1998年1～3季度保持在7%左右。1998年10月中旬，南非金融市场回稳，兰特停止下跌，与美元比价上升14分，1美元兑5.67兰特。银行基本利率逐渐从25%回落到21%左右。南非经济在1997年和1998年连续两年下滑后，1999年上半年出现明显的上升趋势，同期的资本净流入达到220亿兰特（约35亿美元）。

1999年6月，南非举行第二次全国大选，组成以姆贝基为总统的新内阁。姆贝基内阁的特点是主管经济的部长全部留任，以稳定投资者的信心。新内阁名单公布后，南非货币兰特与美元的比价上升了4.3分；商业银行利率普遍降低一个百分点，降到18%。南非储备银行行长、副

行长易人,但未引起波动。这也反映了对非国大管理经济的能力和政策的信心。

2. 债务管理

1994年南非新政府成立之初,面临沉重的国家债务负担,债务约占国内生产总值的48.6%。为了不影响外资的信心,新政府承诺继续偿还种族隔

离时期的国家债务,包括10个"黑人家园"政府的债务。新政府成立初年,面临重建和发展任务,国家债务有所增加,1994 / 1995年度国债总额达到2 740亿兰特,约合755亿美元,占当年国内生产总值的58%。虽然国家债务占国内生产总值的比例略有下降,1996 / 1997财政年度为55.8%,1997 / 1998年度下降至55.4%,但是外债总额占国内生产总值却有所上升,约占24%。国家债务还本付息占政府财政预算比例1998 / 1999年度为20.9%,1999 / 2000年度为22%。

南非政府所采取可持续的财政与宏观经济政策以及健全透明的债务管理制度,得到国际投资者的认可,使南非发行的以兰特为货币单位的国内债务和外债吸引了各类投资者。近年来,国际知名的投资评级机构 (Standard and Poor's, Moody's Investors' Service) 均提高了南非的债务等级,显示国际金融界对南非经济的信心。

按票面交易衡量,南非国内的政府债券市场的流动性近年来有大幅度增长,特别是

1998年4月指定政府债券的初级交易商之后,增幅提高明显。在积极管理债务组合当中,财政部负责识别、控制和管理政府面临的风险。财政部下属的综合风险管理机构要对风险做出定量分析,以确定风险的类型,进行监督和管理。

3. 节流与开源

南非新政府成立之初,面临沉重的债务和工资负担,财政投资能力受限。

南非的公务员人数1996年约117万。根据南非宪法,前政府时期的公务员(包括10个"黑人家园"政府的雇员)都不能被解雇。同时,新政府成立后,吸收大量黑人进入公务员队伍,政府各部门高薪聘请顾问的费用每年高达3亿兰特。公务员制度的改革自1996年开始,包括确定公务员队伍的适当规模,制定新的工资制度、退休制度和自愿退职一揽子解决办法。到1996年11月,有2.9万名公务员申请自愿退职,其中1.9万名被准予按一揽子办法得到高额退职金。政府各部门都制定了精简方案。到2004年12月31日,南非公务员人数裁减至104万人。

随着南非经济的发展,其税收制度也有相应的改革。2001年,南非改变了以前按照收入来源征税的制度,代之以根据居住地征

税。从2001年1月1日开始，南非居民
(某些有条件的排除之外)在世界范围
内的收入，无论在哪里获得的收入都
要纳税。国外税收归入南非应纳税
款，国外收入和纳税转换为南非货币
单位兰特。

　　资本增值税从2001年10月1日起
开征，作为收入所得税体系的一部分，包括资产处置带来的资
产增值的应税收入。销售增值税的征收额度以14%为标准，包
括所有货物和服务的销售。按照1991年《增值税法》规定，被豁
免、排除、扣除和调整的税项除外。南非中央政府征收的税种
还包括转让税、遗产税、印花税、有价证券税、关税和国内税。

　　南非与外国签订的避免双重征税协定，旨在鼓励国家间
的投资和贸易。

　　从南非经济的发展来看，南非政府的宏观经济战略和财
政政策取得了预期的目标，虽然经历了国际金融危机的冲击
和世界经济衰退的影响，南非经济基本面保持健康发展，财政
收入逐年增加。南非财政部长曼纽尔1999年10月29日提交议
会的《拨款修正案和中期预算政策报告》提出，财政赤字将从
1999年度的2.8%降到2002 / 2003年的2.4%；同期债务负担占
国内生产总值的比例也将下降，但是政府财政收入从1998 /
1999年度的1 845亿兰特(约300亿美元)，增加到2002 / 2003年
度的2 430亿兰特(约400亿美元)；公共服务开支由1999年的1
720亿兰特(约280亿美元)增加到2070亿兰特(约340亿美元)。
根据南非财政部公布的财政收入数据，在2004年3月31日结束
的2003 / 2004年度，财政收入为3028亿兰特 (6.5兰特＝1美
元)。其中公司所得税为606.5亿兰特，个人所得税为982亿兰

特,增值税为810亿兰特。2004／2005年度财政收入为3 478亿兰特,2005／2006年度增加到4 110亿兰特。财政收入的增长,加强了政府财政投资的能力,特别是对社会福利和基础设施建设项目的投入近年来有大幅度提高。

(三)财政预算

南非的财政权威机构是中央政府,它同时负责提供省政府的绝大部分预算。地方权力机构和地区的服务部门通过省政府从中央政府得到拨款。政府财政收入的主要来源是直接和间接税收以及各类税捐。

1994年南非结束种族隔离制度之后,新政府财政开支的侧重点是使广大黑人受益的社会服务项目,如教育、卫生、社会保险和福利。军费开支继续下降,但用于公共安全的警察部门的预算有所增加。政府到期债务付息仍是较大的财政负担。

1995年,南非新政府提出第一个财政预算:1995／1996年度财政收入为1 259亿兰特,占国内生产总值25%,比上一个年度增加11%;预算支出为1 543亿兰特,比1994／1995年度增长95%;预算赤字为284亿兰特,占国内生产总值的5.7%。在政府预算支出中,社会服务部门支出占57.4%,安全部门占21.7%,经济部门占12.5%。1996／1997年度财政收入为1 448.57亿兰特,财政支出为1 736.6亿兰特,财政赤字为国内生产总值的5.1%。

　　随着南非经济的发展和国民收入的提高,南非政府的财政状况逐年改善,财政赤字缩小到宏观经济战略预定的指标,政府财政性投资大幅度增加,社会福利和保障的投入明显增长。南非财政部长曼纽尔2005年2月23日向议会提交的财政预算被南非经济学家称为还利于民的预算,其中有几点引起关注。

　　为个人和家庭减税68亿兰特,主要针对上年收入在20万兰特以下的家庭;

　　免除年收入在3.5万兰特以下和年收入在6万兰特以下的65岁以上人口的税收;

　　改变医疗制度中某些疗程的纳税规定,以减少低收入家庭的负担;

　　废除信用卡和银行账户借贷的交易税,以使用户承担得起银行服务;

　　提高啤酒价格和香烟价格;

　　提高汽油和柴油价格;

　　为小企业减税14亿兰特,以释放更多的增长资金;

　　采取措施减少小企业的纳税程序成本和文牍主义;

　　公司税由30%降低到29%;

　　改变对旅行津贴的税收,取消对高收入者没有正当理由的津贴;

　　为老年人、残疾人和依赖照顾的人提高月补助金40兰特,达到每月780兰特;婴儿抚养补贴提高10兰特,达到每月180兰特;

　　拨款60亿兰特,以使归

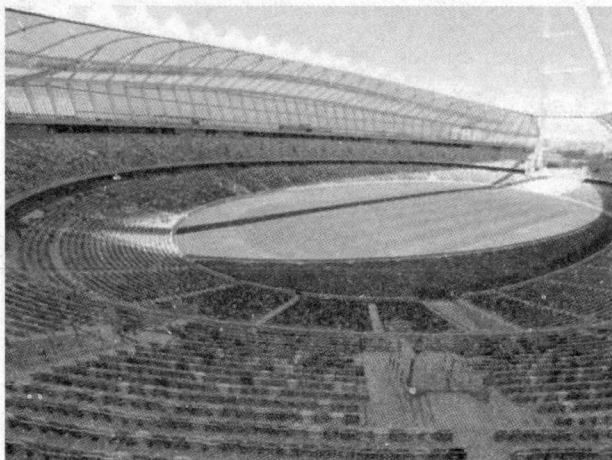

【走近南非】

　　南非黄金储存量丰富，采金业尚有潜力，据南非矿务局统计，2005年已探明南非金矿藏储量为3.6万吨，约占世界总储量的40％。

还非洲人被侵占土地的计划在今后3年内完成；

　　拨款20亿兰特用于新的综合住房战略，拨款30亿兰特用于社区相关的基础设施建设；

　　17亿兰特用于供水、卫生等社区基础设施建设的投资；

　　69亿兰特用于提高教师工资；

　　50亿兰特用于提高警察工资和增加警察人员；

　　30亿兰特用于公共交通和道路建设的投资；

　　37亿兰特用于市政服务；

　　7.76亿兰特用于全国学生资助计划；

　　10亿兰特用于推动继续教育和职业培训；

　　14亿兰特用于南非的非洲发展计划，包括资助维和行动、非洲联盟和泛非议会；

　　10亿兰特用于新的小型农业资助计划。

第二节　金融发展之路

(一)金融体系

南非金融部门的服务范围包括商业银行、零售银行、商人银行以及按揭贷款、保险和投资业务。南非的银行系统与国际同步,许多外国银行在南非有业务代表机构,电子银行设备广泛应用,在全国范围有自动取款机网络和网上银行系统。南非的金融服务董事会(Financial Service Board)监管资本市场的规则和运行机构,包括保险业、基金管理人和券商,但不包括银行,所有银行在中央银行(南非储备银行)的监管之下。

南非的银行系统成熟而有成效,其中包括中央银行(南非储备银行),几家规模大、资金雄厚的银行和投资机构以及若干比较小的银行。

1994年以来,在国际上对南非进行金融制裁结束之后,很多外国银行和投资

机构在南非设立了业务代表机构。南非的银行法与英国、澳大利亚和加拿大相类似。南非1998年通过《国家支付制度法》，旨在使南非的金融结算制度符合国际结算制度和制度化风险管理程序。

南非支付协会 南非支付协会在南非储备银行监管之下，推动采用付款结算协议，交易结算、清偿和净额结算协议以及建立银行间结算的固定规则和降低系统性或其他类型的风险。南非银行业的这些措施使得南非与国际银行间结算的惯例相一致。

银行监管 1985年，德考科委员会对南非货币体系和货币政策的调查报告提出建议，把监管范围扩大到所有银行的国内业务，而这项工作过去是由金融机构注册部门负责。银行注册机关是储备银行的一部分，负责注册银行或者互助银行并实施相关法律的所有要求。银行注册机关履行职责有一定的自主性，但是每年向财政部长提交报告，财政部长向议会提交该报告。在对整个银行部门监管的同时，各个金融机构的表现还要受到不间断的监督和检查。如果必要，将指定监察员对任何银行的业务进行检查，或者检查任何机构或个人在未注册的情况下开展银行业务。

金融服务董事会 它是依照法律成立的独立机构，为维护公共利益而监督南非的非银行金融服务业。金融服务董事会的宗旨是

致力于促进完善和高效的金融机构和服务,为在南非金融市场保护投资者。

南非有非洲大陆最健全和现代化的资本市场,南非成熟的银行体系有很高的信誉。南非有系统的国民经济统计数据,它被列入世界银行"数据标准公告栏"(Data Standards Bulletin Board),1999年只有32个国家具有此资格,可见南非数据标准符合国际一体化要求。南非的金融体系具有国际水准,有先进的电子银行网络。南非有非洲最发达的产权投资市场。南非证券市场的资本约占整个非洲的85%。到1999年,南非70%的外汇管制已经取消,仍然保留的仅是对前南非公民的冻结财产的控制。

(二)银行部门

1. 中央银行

南非储备银行 (south African Reserve Bank) 是南非的中央银行。根据1920年《货币与银行法》(Currency and Banking Act, No. 31 of 1920),于1921年建立,为股份制有限银行,总部设在比勒陀利亚。该银行的行长与副行长由政府任命,但是享有很大的独立决策权。

1985年南非储备银行建立了一个银行监管部门,以监督南非银行的对外业务。南非承认1983年《巴塞尔协约》的原则,即中央银行承担对银行国际活动的监管,促进监管权力机构之间加强合作。

1994年新政府成立后,曼德拉总统任命从1989年以来一直担任南非储备银行行长的斯塔尔思

【走近南非】

南非的采矿技术水平居于世界前列。在20世纪80年代即能在地表以下3447米的深度开采金矿,这一深度创下世界之最。南非采金业是国家采矿业中最大的生产部门,为劳动密集型产业,鼎盛期曾雇用工人约40万人,占当时采矿业雇工总数的70%左右。南非金矿的含金量较高。

博士继续留任，以保持投资者对南非中央银行的信心。斯塔尔思行长的任职到1999年8月结束。姆贝基总统任命时任劳工部长的非国大成员梯托·姆伯威尼(Tito Mbowini)担任储备银行新行长，这也是南非历史上的第一次由黑人担任中央银行行长。

南非储备银行的主要作用是为中央政府提供银行服务。虽然政府开始在其他银行办理现金余额储蓄之后，储备银行的作用有所削减，但是储备银行是政府货币政策的制定者和执行者。储备银行不为省级政府、地方政府或国有企业提供银行服务。储备银行负责政府收支在银行间的往来，这种往来对于其他银行的现金余额产生影响，因此也是中央银行管理银行流动性的一个便利工具。

外汇管理政策是由中央政府和财政部长决定，南非储备银行的作用是给财政部长提供咨询建议。储备银行外汇管理的权力是由财政部长授权给行长或一位副行长，或授权储备银行的外汇管理部门的总经理，委托的权力包括财政部根据外汇管理规章所拥有的所有权力、功能和责任。外汇管理部门负责日常的外汇管理。财政部长还指定一些银行作为特许外汇交易商，南非共有约30家国内银行和外国在南非的银行获得此种特许，其中包括中国银行的约翰内斯堡分行。

南非政府主张开放资本市场，但是坚持渐进式放宽外汇管制的政策，逐年有所松动。1995年废除对非本国公民换汇的限制，允许个人投资的额度逐步提高，从40万兰特增加到50万兰特，2000年2月上升到75

万兰特。从2004年10月26日起,南非取消对南非公司到国外直接投资的限额,同时废除对在外国取得的红利汇回国内的限制。但是,到国外投资仍然需要向南非储备银行的外汇管理部门申请以便监管,并按照现有的外国直接投资标准核定。南非公司到外国直接投资的请求,必须符合南非的国家利益,通过增加货物和服务出口,有利于南非的国际储备。南非储备银行对特大规模的境外投资相关的资本外流保留干预的权力,以防止对外汇市场的潜在冲击。南非公司可以保留在国外的红利,在2004年10月26日以后汇回的红利,可以随时转移到国外。南非公民个人也可以在南非上市的外国公司投资,不受任何限制。南非到2005～2006年外汇管制进一步放宽,废除对非本国公民和外国公司汇出资本和利润的限制,但是受制于外汇储备数额的有限,南非尚未实行完全的外汇自由化政策。

南非储备银行是南非唯一有权制造、发行、销毁纸币和硬币的机构。南非造币公司是储备银行的下属公司,代表储备银行制造南非所有的硬币。南非银行纸币公司,同样附属于储备银行,代表储备银行负责印制所有纸币。自1932年12月28日以来,南非停止以纸币在储备银行兑换黄金。

储备银行负责保管南非国家的黄金和外汇储备。国际贸易和外国投资机构的外汇流入,存贮在储备银行备用。

【走近南非】

　　20世纪90年代初期，开采的每吨矿石平均产金5.2克。黄金是南非最主要的矿产品和出口商品，出口收入曾占南非矿产品销售总收入的60%以上。南非黄金主要出口国际市场，很少一部分供国内消费。

　　南非储备银行在国际外汇市场的净负债(Net Open Forward Position)1994年曾高达250亿美元，1998年下降到225亿美元，到2003年归零。

　　储备银行负责南非银行的规范和监管，目的是实现南非银行体系的健全和有效运行，为储户和南非经济服务。监管的方式包括发放银行执照，根据《南非银行法》(1990)和《互助银行法》(1993)对其他银行的行为进行监督。储备银行为商业银行提供流动资金，以解决它们临时的现金短缺。

　　储备银行收集、加工、分析和公布经济统计数据，向公众提供相关信息。为此，储备银行公布季度公报和年度经济报告。

　　南非储备银行一直是股份制私有银行，目前有630多个股东。《南非储备银行法》规定，在已经发行的200万股份当中，每个股东所持股份不得超过1万股，除此之外，对股票持有没有限制。储备银行的收入在缴纳公司利润税、过户储备金和支付股东红利(每股不超过10分钱)之后，银行所得的剩余部分上缴政府。南非储备银行的运行不是为了盈利，而是为南非全体国民的利益服务。近年来，南非储备银行的收支保持盈余。2005年6月，储备银行黄金和外汇储备为187亿美元，2006年6月上升到240亿美元。

　　2. 商业银行

　　根据南非储备银行姆伯威尼行长2004年12月4日的报告，南非有38家注册银行，其中包括：15家南非控制的银行，6家非本国居民控制的银行 (附属机构)，15家国际银行驻当地的分行，两家互助银行。此外，有44家外国银行在南非设有代表处，这些代表处不能接受存款。

南非银行系统有5大银行集团占据主导地位,它们包括:南非联合银行集团(Amalgamated Banks of South Africa Group Limited,Absa Group)、标准银行集团(Standard Bank Group)、第一兰德银行集团(FirstRand Bank Group,南非第一国民银行1998年加入该集团)、私人投资银行(Investec Private Bank)和莱利银行(Nedcor Bank Ltd.)。以上5大银行集团1994年占南非银行部门总资产的83.8%,到2004年占87.4%。银行部门其余12.6%的资产属于另外31家银行,不包括两家互助银行。

20世纪90年代后半期,南非当地中小银行曾经出现稳定的增长,但是到1999年下半年,这些中小银行面临流动性压力,很多退出银行业。从1999年第四季度到2003年3月,共有22家中小银行退出。到2004年,中小银行占银行部门资产的3.1%,而在1994年曾经占到21.7%。

20世纪80年代中期,南非政治动荡引发外国资本撤出,到1994年新政府成立之前,极少有外国银行在南非保留业务。南非政府1994年的《银行法修正案》(Amendments to the Bank Act,1994),准许外国银行在南非设立代表处和附属机构,而且准许开设分行。自从1994年南非金融体系开放之后,外国银行在南非银行业总资产中所占份额增长很快,1994年为3%,2003年10月底上升到9.5%。

外国银行在南非的发展,提高了南非金融市场的精深程度,也为南非增加了就业机会。同时,资金

雄厚和富于经验的外国银行进入南非，对当地银行构成巨大挑战。为了生存和发展，南非银行必须设法适应新的形势。竞争的加剧造成贷款息差受到很大压力，有几家银行为了扩展业务，不得不以略高的信用风险进入市场。

同时，南非银行也向外国扩展业务，特别是在非洲的发展引人瞩目。2005年英国巴克莱银行出价54亿美元收购南非联合银行50.1％股权，被国际投资界普遍看好。这是巴克莱银行在英国以外最大的一笔投资，对南非的投资信心是强有力的正面效应。而南非联合银行将接手巴克莱银行在非洲其他国家的业务。巴克莱银行计划把在非洲其他国家的银行业务出售给南非联合银行，使南非联合银行成为非洲大陆的主要银行之一。南非国有金融机构近年来在非洲的开拓主要发挥两种职能，其一是为非洲国家的发展项目提供资金，其二是为南非企业和国际公司在非洲国家的业务提供金融工具。南非工业开发公司(IDC)1999～2003年为非洲国家提供的资金占其金融保险业务量的22％。南非的南部非洲开发银行(DBSA)已经把业务扩大到本地区之外，为非洲其他地区的能源、电信、供水、交通、旅游、金融服务和农业等部门提供投资。南非工业开发公司和南部非洲发展共同体(SADC)还在研究和信息数据方面为非洲和国际投资者提供服务。

南非银行业十几年的发展总体是稳定的，尽管经历了20世纪90年代后半期的国际金融动荡，但是南非银行部门显现出应对危机的能力。南非银行业的资产负债状况不断改善。1994年12月，南非银行业总资产为3 446亿兰特；1999年12月为7 240亿兰特；到2004年10月底增加到14 360亿兰特，相当于1994年的4.2倍。

贷款和预付款1994年12月底为2 708亿兰特，2004年10月底为11 040亿兰特。国内公众存款是南非银行资金的主要来源，1994年12月底为2419亿兰特；2004年10月底达到8 880亿兰特，相当于1994年的3.7倍。

投资银行和商业银行在南非银行业最具竞争力。南非四大银行，即南非联合银行(Absa)、第一国民银行(First National Bank)、标准银行(Standard Bank)和莱利银行(Nedbank)，在零售市场继续保持控制地位。

(三)证券市场

约翰内斯堡股票交易所(JSE Limited)建立于1887年，是非洲最早的证券交易所。根据世界交易所联盟的统计，南非约翰内斯堡股票交易所的市值近年来排在世界前20名之内，上市公司在400家左右。

约翰内斯堡股票交易所对南非经济发挥齿轮作用，为证券交易提供了一个有序的市场，从而创造新的投资机会。该交易所的主要功能是通过把现金转变为经济生产力的途径来促进资金筹集，从而促进南非经济的发展和增加就业。同时，该交易所还为物价的确定提供切实而有效的便利工具和物价风险管理机制。约翰内斯堡股票交易所为投资者提供四种市场选择,其中包括:证券市场、利息率市场、金融衍生市场和农产品市场。

南非债券交易所 (The Bond Exchange of South Africa–Besa),1996年正式注册为交易所,此前是以债券市场协会的名义进行交易,提供3天滚动结算和债券自动买卖结算系统。目前,该交易所每年的流动性为市值的38倍,成为世界上新兴债券市场当中最具有流动性的市场之一。

第三节　理财达人的致富之道

威客赚钱，知识就是财富

威客其实是英文 Witkey 的音译词，是指在互联网上利用自己的智慧、知识、能力和经验为他人解决工作、学习或者生活中的问题，并转换成实际收益的人群。其中众多"80 后"的年轻人都选择威客赚钱。

1.威客网站运营流程

威客网站的运营流程其实十分简单，威客网站上的用户可以分为两类：提问者和回答者。

提问者提出问题并发布任务，在获得合适的解决方法之后将报酬支付给回答者。

回答者则接受任务，并回答问题，当答案得到提问者认可之后，即可获得提问者提供的报酬。

2.三种运营流程

目前威客运营流程主要

分为以下 3 种。

（1）现金悬赏任务流程

威客现金悬赏任务流程目前普遍实行"全额付款，永不退款，网站扣 20%"的制度，其任务流程如下。

提问者发布任务—预付金全额付给威客网站—威客参与任务—任务奖金支付给提供最佳答案的威客。

【理财密码】

有关专家认为，完全免费共享的时代已经过去了，互联网开始进入知识价值化时代，知识、智慧、能力和经验通过互联网也具备商业价值的理念，正在逐渐被人们所接受。随着互联网技术的发展，网上支付手段得到逐步完善，通过互联网为知识、智慧、经验和能力进行定价赚取收益已经成为一股潮流。

现金悬赏任务流程十分简单明了，但是该流程主要适合以下几个方面：

生活相关领域：如百度知道、雅虎知识堂用虚拟现金进行悬赏等。

简单的在线工作：如给宝宝起名，软文撰写以及简单的图像设计等。

广告营销：如广告语征集、产品使用建议以及创业好点子等。

（2）招标任务流程

现金悬赏任务流程存在的最大问题是参与者水平参差不齐，不能确保任务发布者获得满意的作品。经过多年发展，2008 年招标任务流程出现在复杂的在线工作领域中，其任务流程如下。

提问者发布任务—支付少量定金或不支付奖金—经威客网站认证的高水平威客报名参加—提问者选择合适的威客开始工作—根据工作进度由任务发布者或威客网站向威客支付酬劳。

招标任务流程需要威客网站对威客和提问者进行信用管理，该流程主要适合以下领域。

金额较大、难度较高的在线工作任务：如高水平的翻译、企业策划、法律问题以及软件开发等。

科学技术领域：如建筑、化工、工程、电力以及能源方面的问题等。

（3）威客地图流程

威客地图实际上是一个关于人的搜索引擎，威客将自己的知识、技能等形成作品在威客空间中进行出售，而威客网站则通过威客地图的衍生产品（如广告、竞价排名以及威客推荐等信息）进行赢利，其流程如下。

威客在威客网站开设威客空间或工作室—提问者通过关键词查询威客或作品—双方通过站内留言、E-mail、即时通讯以及电话等方式进行沟通—合作后双方可以在威客网站进行相互评价。

威客地图流程需要威客在威客网站建立自己的空间，遵循威客网站的信用评价体系，该流程主要适应以下领域。

生活相关：百度知道、雅虎知识堂等积分网站可以建立威客地图。

在线工作：无论是简单还是复杂的任务都可应用威客地图。

科技转移：即使是科学技术专家领域也可建立专家型威客地图。

3.威客时代当心受骗

威客网站的诞生为很多网络用户（特别是"80后"的网络用户）提供了一条赚钱的途径，但是网络中同样充斥着各种打着威客名号进行诈骗的骗子，大家需要提高警惕，谨防受骗。目前常见的与威客相关的骗术主要有以下几种。

打着威客旗号的骗子

【防骗技巧】

　　骗子熟知各大网站的交易流程和规则,利用新手网站规则进行诈骗也是常有的事。

网站:以高回报为幌子,诱使浏览者通过手机进行注册,实则骗取话费。

　　以各种借口骗取设计稿:提问者以各种各样的借口,骗取设计稿。回答者要谨记,在款项没有完全到位之前,不要交出最终的设计稿。

案例:假冒客户骗取"回扣"

　　小王是个崇尚自由的"80后",特别不喜欢那种朝九晚五的上班族工作,接触到某个威客网站之后,那种将自己的知识转化为金钱的成就感使小王感到十分满足,那种无需处理复杂的人际关系,只是简简单单的付出和回报的模式也让小王十分享受,小王感觉这种模式离自己的梦想已经非常接近了。

　　某个寒冷的夜晚,小王蜷在电脑前寻找合适的任务,突然桌面上的小企鹅"滴滴"地叫了起来,有个任务客户来谈合作事项。

　　客户的任务难度不高,对于小王这样的专业人士来说简直易如反掌。看过任务之后,客户说出了自己的想法;客户表示自己也是个打工的,他可以保证公司的这些任务让小王中标,但是希望小王可以给予一定的回扣。

　　小王考虑到,自己只是做任务的人,网站也没明文规定不能这样操作,后期也可以拿到相关的中标款项,自己也没什么损失,而且还可以提高自己的信用度,一举两得,这个最多也只能算是网站的一个漏洞。于是小王在片刻犹豫之后就答应了客户的要求。

　　客户比较干脆,看到小王答应之后,就在任务中选择小王的作品中标,然后让小王将所谓的回扣款项转账到他的银行账号上。随即又将后续的几个任务让小王中标,并让小王支付回扣款项。

忙完之后,当小王还处于一种兴奋和疑惑的心情中时,电话响起来了——是威客网站的客服,说是刚才跟小王交易的账号存在异常,让他不要相信所谓的回扣这类的说法……

挂下电话之后,小王的心情一下子从云端跌落到了谷底,再给那个所谓的客户QQ发消息时,对方已经下线没有任何回复了……遇到骗子,上当了!

由于这件事情是因为小王没有熟悉网站的交易流程,加上贪小便宜违背了网站的诚信合作协议,所以也无法要求网站进行相应的赔偿,只能是将损失作为"学费"了。

淘宝客,无本万利

淘宝客属于淘宝旗下的"阿里妈妈"联盟,是帮助淘宝卖家推广商品并按照成交效果获得佣金的个人或者网站。

1.淘宝客的原理

淘宝卖家设置指定的商品参加淘客推广,并为其设定相应的佣金。淘宝客只需获取淘宝商品的推广链接,使买家通过自己的推广链接进行购买并确认付款,即可赚取由卖家支付的佣金。

这种营销方式对卖家来说是按成交付费,有成交才会支出佣金费用;对淘宝客来说几乎无需任何投入,一经推出即大受欢迎。从2009年推出至今,已经有越来越多的淘宝店铺主动参

加淘客推广,而月入万元的"80后"淘宝客也不在少数。

2.淘宝客推广技巧

推广代码有 URL 和文字链接以及图文链接 3 种模式,几乎兼容互联网的所有传播媒介。相应的,淘宝客的推广形式也很多,当年淘宝客刚推出来的时候甚至只要将推广链接设置到 QQ 空间、QQ 签名都可以获得不少成交量。

随着淘宝客推广模式的日渐成熟,淘宝客们也日渐专业化,目前成交率较高的淘宝客推广模式为自建网站进行营销。所以淘宝客除了需要独特的眼光,还需要懂得一定的网站优化和推广技巧。

(1)独特的眼光

淘宝网上佣金最高的产品是电器,但是"女人的钱是最好赚的",所以淘宝客最青睐的产品是减肥、丰胸以及美容产品。

虽然这类靠女性爱美心理赚钱的项目确实很好赚钱,但是目前市面上已经有很多成熟的站点了,新站想要赢得自己的立足之地极为不易。淘宝客要学会运用其独特的眼光发现市场的盲点,挖掘竞争性小、赚钱多的商品进行推广。

(2)网站的推广

虽然说"酒香不怕巷子深",但是再好的东西如果不被大家所知晓,那么也是不可能有任何销量的。

很多大企业都喜欢在央视等媒体上做广告,为自己的产品带来一定的访问量和品牌知名度,最终将这个访问量和知名度转换为成交量。淘客网站也需要进行推广和优化,吸引更多的访问量,最终将这些访问量转换成成交量。

(3)网站的优化

上央视做广告需要投入巨额的广告费，而在搜索引擎中获得一个好的排名，除了通过百度的竞价排名外，

还可以通过对网站进行优化实现。

第一点是要选择合适的关键字，高质量的关键字带来的不仅仅是IP，还可以为网站带来极高的转换率。比如经营护肤品的淘宝客，设置关键字的时候如果设置"淘宝护肤品"要比"护肤品"带来的有效流量要高很多。

第二点就是要针对搜索引擎进行适当的优化，适当的优化可以为网站带来较好的排名。

案例：淘宝高手谈营销

"80后"的小徐在淘宝网上开的是零食店，生意不错。朋友问他成功的方法，他透露说，想要生意好，必须得学会推销自己的产品。

产品推销第一步：想要说服买家之前先要说服自己，要学会换位思考。

自己是否对产品的质量有信心？如果换作自己是顾客来买这个产品，是否觉得价钱公道，这个产品的包装是否美观，自己向客户推荐这个产品凭借的是什么？

站在客户的立场，提出这一系列的问题以后，就可以认识到客户的想法和需要以及自己的产品存在的优势与不足。

小徐在推销自己的零食商品时，就会想到自己买的这种类型的零食的味道是否会获得买家的喜欢、包装够不够精美以及价钱是否在大众买家的承受范围之内等。

产品推销第二步：充分利用"打包推荐"。

在店铺首页面设置一个打包推荐的页面,可以让买家直接链接到店铺推荐主题里,快速查找自己所需要的打包推荐组合。这样不仅节省双方的沟通时间,同时也增加了产品的配套销售。需要注意的是,打包推荐尽量不要推荐单一的产品,最好是推荐为特定买家精心准备的产品配套组合,这样买家就可以感受到卖家温馨的服务了。如果像平常一样进行单一产品的推荐,打包推荐也就失去了原有的意义。

产品推销第三步:目前最多能免费创建 6 条"打包推荐主题",所以"打包推荐主题"尽量要精简,并且要符合大众买家的需要。

比如说卖家是开服装店的,这时卖家可以设置这样的 6 个主题。

主题一:韩国 MM 超时尚街头混搭。

主题二:日本 MM 超时尚街头混搭。

主题三:上海 MM 超时尚街头混搭。

主题四:20 款超级显瘦混搭。

主题五:最甜美可爱学院风。

主题六:MM 约会衣橱必备装扮。

这样绝对会吸引很多爱美女性的眼球,得到超高的点击率,打响自己店铺的知名度。

第四节　南非名人榜——雅各布·祖马

祖马青年时期即投身于政治运动，1958年参加非国大，积极进行反对种族主义的斗争。1963年6月在试图离开南非到国外接受军事培训时被捕，并判刑10年，与曼德拉等人一起关押在罗本岛监狱。1973年释放后，继续从事反对种族隔离制度的斗争，并在夸祖鲁-纳塔尔省重建非国大地下组织。1975年起流亡国外，先后在非国大驻斯威士兰、莫桑比克、赞比亚

> **【走近南非】**
>
> 雅各布·祖马（jacobzuma），1942年4月生于夸祖鲁-纳塔尔省一个偏僻村庄，5岁丧父，童年过着放牧牛羊的艰苦生活，未接受较高的正规教育。

等国机构工作。1977年被选为非国大全国执委，1987年被任命为非国大情报部主任。90年代初，他作为非国大流亡国外的第一批领导人员回国，积极参与多党民主谈判进程，在为非国大与因卡塔自由党在夸祖鲁-纳塔尔省达成和解协议中发挥了重要作用。

1994年5月新南非成立后，祖马担任非国大全国主席兼夸祖鲁-纳塔尔省主席，并任该省经济与旅游部长。2002年12月当选非国大副领袖。1999年6月至2005年1月任副总统。2007年12月当选非国大领袖。2009年6月担任南非第四位黑人总统。在就职演说时，他说，从今天开始，南非进入了一个新时代，政府将义无反顾地尽一切努力，为所有人带来更美好的生活。并指出国家的团结仍是南非社会

的优先任务。强调,所有南非人的梦想和希望必须得到实现,新政府必须直接服务于提高人们的生活水平。祖马总统长期来与黑人中下层民众接触较多,特别是他身上具有浓郁的祖鲁族的传统特质。他实行祖鲁族一夫多妻制,多次结婚,共有19名子女,现同3位妻子生活在一起,婚礼仪式是典型的祖鲁族传统习俗。

祖马多次访华,1996年、1998年以地方官员身份访问中国一些省市。2004年以副总统身份访华。2008年作为非国大领袖访问中国。祖马在总统就职仪式上,曾向我国特使表示,南非新政府将与中国携手努力,积极致力于深化南中战略伙伴关系合作。

第三章　农业和矿业的变革

　　南非具有非洲最发达的现代化农业,其农业科技和管理水平较高。南非农业产品品种丰富,自给率很高,不仅保证了南非的食品安全,而且在正常年份为粮食净出口国,是南部非洲地区重要的农产品供给来源。

　　整个世界已经被"有钱不是万能的,但是没有钱是万万不能的"思想所占据,追求物质生活已经成为当下很多年轻人努力赚钱的唯一动力,我们要知道的是虽然富翁可以用钱给自己造世界上最舒服的床,但是却买不来安稳的睡眠;可以买到虚假的关心,可是这样的关心却温暖不了你的心,甚至会让你觉得更加心寒。

　　财富必然是重要的,并且财富对于我们每一个人都有非常重要的意义,但是对于每个人来说意义却是不一样的。除了对物质的追求,我们更多的是追求精神上的满足。无论是改变物质生活,还是提高精神生活,财富归根结底的意义就是你赚的钱让你生活得有多好。

第一节　农业经济的现状与解析

(一)农业资源

南非气候多样,日照充足。东北部沿海是亚热带气候,西南部开普平原为地中海型气候,东部高山有降雪的冬天,西北部沙漠干旱炎热,东西温差大于南北温差。多样的气候为南非的农业提供了种植多种农作物的条件。尽管80%的国土面积用于农牧业生产,但是按世界标准,南非可耕地资源贫乏,南非的大部分土地只适于放牧。由于地表土壤复杂,有机物质含量低且土壤容易退化,加之地形多样,降雨量不均,周期性干旱,水资源缺乏,使得南非的农业用水基本依靠灌溉。南非的可耕地面积仅占国土的13%,其中22%为肥沃的可耕地,灌溉面积为130万公顷。

按照气候条件、自然植被、土壤状况和耕作方式,南非的农业生产分为

若干类型。在冬季降雨地区和夏季高降雨区有集约型农作物生产和混合农业,在灌木地区是养牛业,在干旱地区是牧羊业。主要的混合农业地区在北部夏季降雨的高原地带以及夸祖鲁-纳塔尔省中部(米德兰)地区和开普半岛西南部的冬季降雨地区。开普地区生产冬季收获的谷物、落叶类水果和享誉世界的葡萄酒。

(二)农业经济

南非具有非洲最发达的现代化农业,其农业科技和管理水平较高。南非农业产品品种丰富,自给率很高,不仅保证了南非的食品安全,而且在正常年份为粮食净出口国,是南部非洲地区重要的农产品供给来源。但是,农业在南非国民经济中的比重随着矿业和制造业的发展而不断下降。20世纪30年代,农业约占国内生产总值的20%,到1960年下降到11%,1995年又下降到4.1%。21世纪初,随着服务业的增长,农业初级产品在国内生产总值中的比例进一步下降,2001年降到4%以下,2004年降到3%以下,包括农产品加工业产值在内,农业相关产业对国民经济的贡献率为15%。

根据2002年南非商品农业调查数据,1993年南非共有农业经营单位57 980个,2002年下降到45 818个,其中22 429个是营业额在30万兰特以上的农场,其余23389个营业额在30万兰特以下。农业占就业总人数的比例从20世纪90年代中期的13%,下降到2005的7.2%。但是,农业部门吸收的正式雇工保持在100万人左右。

南非农业经济存在的主要问题是以下两方面。第一是双重结构，分为主要由白人经营的发达的商品农业和非洲人维持生计的传统农业两部分。前"黑人家园"地区的农业生产条件落后，长期得不到发展，而且人口密度大，土地因过度耕作而退化。1994年种族隔离制度废除后，新政府

【走近南非】

南非生产的钻石，大多属于珍品级和接近珍品级的品质，在国际市场上有很高的声誉。南非德比尔斯公司是世界上最大的钻石生产和销售公司，总资产200亿美元，其营业额一度占世界钻石供应市场90%的份额，目前仍占有着世界粗钻石贸易的60%。

开始实施扶助小农场发展计划，旨在为刚刚进入商品农业领域的黑人提供服务。1995年，已有7万多个小农场发展起来。第二个问题是农业生产受气候变化的影响仍然严重，特别是经常受到干旱的威胁。

根据南非2005年农业调查，在农业总收入中，最大的份额是畜牧业，占35%；其次是园艺产品，占31%；第三位是农作物，占21%；畜产品加工业占12%；其他占1%。

农产品出口在南非出口当中占有重要地位，所占比例约为农业在国内生产总值比重的3倍。1995年，农产品出口额占出口总值的9.15%。2000～2004年的5年间，农产品出口额占出口总额的比例下降为8%。

第二节　农产品缔造的财富

(一)种植业产品

种植业产品占南非农业总产出的1/3。南非现有耕地总面积约
1 000万公顷,其中36%种植玉米,21%种植矮秆农作物。种植这些
农作物加上种植油料作物和高粱的耕地,占耕地总面积的2/3。

南非主要农作物有:玉米、小麦、大麦、高粱、花生、葵花籽、甘
蔗、土豆、烟草和水果。南非的葵花籽产量和蔗糖产量均居世界第10
位。蔗糖、玉米和水果是南非的主要出口农产品。南非的酿酒业也很
发达,葡萄酒产量占世界的3.5%(1995)。

玉米是南非最重要的农作物,从事玉米生产的农场约有15 000
个,主要分布在西北省,自由邦的西北部、北部和东部,姆普马兰加
省的草原,夸祖鲁-纳塔尔省中部。1997年9月南非全国农作物估产
委员会正式估计,1997年商品玉米收获量为848.8万吨,1996年为
969万吨。国内玉米消费约为650万吨,好年景时用于出口的玉米约
200万~300万吨/年。

第二位的农作物是小麦,主要产区分布在西开普省的冬季降雨
区、西北省的夏季降雨区、林波波省和自由邦。目前,自由邦的小麦
产量最高,但是每年的产量起伏不定。西开普省是小麦产量最稳定

的地区，这得益于可靠的降水。1997 / 1998年度，南非小麦产量为230万吨。小麦出口量占农产品出口量的第二位。

大麦主产区在西开普省南部沿海平原，南非95%的大麦产于该区。1997—1998年度南非大麦产量为18.2万吨。

高粱产区主要在较干旱的夏季降雨区。花生产区在林波波省、姆普马兰加省、自由邦北部和西北省。

南非的葵花籽产量居世界第10位，年产量在17.5万～63万吨之间，主要产区在姆普马兰加省草原地带、西北省和自由邦。

南非是世界第十大蔗糖生产国，蔗糖出口量占南非农产品出口量的第三位。主要蔗糖产区在沿海无霜降地带和夸祖鲁 / 纳塔尔省中部，此外，约有10%的蔗糖产自姆普马兰加省南部的灌溉区。

落叶类水果主要产于西开普省和东开普省的朗克鲁伏谷地，此外较小的水果产区分布在奥兰治河沿岸、姆普马兰加省和豪廷省。果品出口收入占南非农产品出口总额的21%。

南非葡萄种植园占地10万公顷、其中约90%的葡萄园种植酿造葡萄酒葡萄。产区主要在西开普省冬季降雨地区，在北开普省(主要用于制作葡萄干)、自由邦和林波波省有一小规模较小的葡萄种植园。葡萄酒生产为直接或间接提供21.5万个就业机会。葡萄酒产值提供100亿兰特国内生产总值，其中62%来自西开普省。

柑橘类水果的产区主要限于灌溉地区，包括林波波省、姆普马兰加省、东开普省和西开普省及夸祖鲁-纳塔尔省。1997年,南非所产的易剥皮柑橘、无籽柑橘等第一次出口美国。

菠萝产区主要在东开普省和夸祖鲁-纳塔尔省北部。其他亚热带果品,比如鳄梨、芒果、香蕉、荔枝、番石榴、番木瓜、夏威夷果和山核桃,主要产在姆普马兰加省和林波波省的勒乌布安定特扎宁地区,其他产区还有夸祖鲁-纳塔尔的亚热带沿海地区和东开普省。

南非40%的土豆出产在自由邦和姆普马兰加省海拔较高的地区。其他土豆产区包括林波波省、东开普省、西开普省和北开普省以及夸祖鲁-纳塔尔省地势较高的地区。

就生产者的收入而言,西红柿、洋葱、青玉米和甜玉米应该是最重要的作物。这些作物占蔬菜收入的27.14%～7%不等。西红柿在全国各地都有种植,但其主产区在林波波省、姆普马兰加省的低地草原和中部草原,夸祖鲁-纳塔尔省的旁勾拉地区,东开普省南部一些地区和西开普省。洋葱主要产于姆普马兰加省,西开普省的卡里顿、西勒斯和沃塞思特地区以及温特斯塔德及其与自由邦南部相连的地区。

卷心菜的产地遍布全国,主要产地在姆普马兰加省以及夸祖鲁-纳塔尔省的堪泊尔顿和格雷顿两个地区。

棉花主要产于林波波省。棉花产量占南非产天然纤维产量的74%,占全部纤维产量的42%。

弗吉尼亚烟叶主要产于姆普马兰加省和林波波省。少量的亚洲烟叶产于东、西开普省。全国约有1 000个烟草种植场,所占耕地2.4万公顷,年产量3 300万千克。南非生产的烟草共有173个等级的弗吉尼亚烟叶和5个等级的亚洲烟叶。

罗依布斯茶是一种当地土生的草本植物饮料,主要产于西开普省的瑟德尔伯格地区。全国共有280个生产商,每年出口罗依布斯茶580吨。

(二)园艺业产品

南非的园艺业发达,占农业生产的20% ~ 25%。

南非各地都有观赏植物,但是以出口为目的种植此类植物主要集中于林波波省中部、姆普马兰加省和豪廷省。观赏植物生产包括苗圃植物、插花和盆栽植物。南非最主要的出口观赏植物产品包括唐菖蒲、山龙眼、球茎植物、菊类插花和玫瑰花。

开普半岛的南非花卉——芬博斯种类的插花、观叶植物和干花向世界市场出口。芬博斯种类花卉的生产为西开普省带来宝贵的外汇收入,该产业提供就业机会1.5万个。干花是芬博斯种类园艺产品的重要部分。观叶植物主要在草原采集,草原植物和栽培植物的比例为65∶35。山龙眼是南非上乘的出口花卉。

(三)畜牧业产品

南非畜牧业发达,大部分地区都有畜牧业,占农业产出的40%。

牲畜数量随气候条件而变化，主要养殖适合当地气候和环境条件的品种。根据南非官方年鉴数字，牛的存栏数约为1 400万头，绵羊为2 900万只。南非肉食自给率达到85%；15%靠进口，主要来自纳米比亚、博茨瓦纳、斯威士兰、澳大利亚和新西兰以及欧洲国家。

1. 养牛业产品

奶牛场分布在全国各地，但集中在自由邦的东部和北部，夸祖鲁／纳塔尔省的米德兰地区，东开普省和西开普省，豪廷省大都市地区以及姆普马兰加省南部的一些地区。主要奶牛品种有荷兰黑白花牛占76%，美国新泽西牛占16%；其次是苏格兰红赫花牛和英格兰格恩西牛。据官方记录，脂肪含量适当的牛奶的年平均产量，黑白花牛为5 369千克，新泽西牛为4 533千克。

肉牛养牛场主要分布在北开普省、东开普省、自由邦、夸祖鲁纳塔尔省的部分地区和林波波省。当地的阿非里卡、邦斯马拉、德拉肯斯伯格和恩古尼是常见的肉牛品种。同时，欧洲和美国的种牛主要作为配种用途的纯种牛加以保留。

陶鲁思牲畜改良合作社(在比勒陀利亚的艾勒尼)每年为全国肉牛饲养场主提供11万单位冷冻精液，为奶牛业提供58万单位的冷冻精液，用于人工配种。该合作社有400头优质公牛，致力于改良南非的牲畜。

牛屠宰量1997年为160万头,1998年为170万头,牛肉业产值分别约为50.28亿兰特和49.54亿兰特。

2. 养羊业产品

绵羊养殖业主要集中在北开普省、西开普省、自由邦和姆普马兰加省。

羊毛:姆普马兰加省的厄麦罗(Ermelo)是最大的羊毛产区,年产羊毛约200万千克。1996／1997年度羊毛总产量5 510万千克,平均每只羊产毛1.3千克。南非是世界第四大羊毛出口国,羊毛是仅次于玉米的第二大出口农产品。

羊肉:南非绝大部分产肉绵羊是毛质优良的美利奴羊,占50%。其他产肉羊还有当地培育的品种,比如有适合干旱地区的毛肉兼用羊阿非里诺羊(Afrino)、多尼羊(Dohne)以及产肉率很高的品种多普尔羊(Dorper)。但是,美利奴羊是南非养羊业的主要品种。

本地的产肉型山羊布尔山羊占山羊总数的40%;安哥拉山羊占60%,主要用于生产马海毛。南非有3 500家安哥拉羊牧场,1996年产马海毛约为670万千克。

3. 猪和家禽产品

猪和家禽的饲养与养牛和养羊业的粗放式经营相比显得更为精细。这类饲养场多靠近大都市,例如,豪廷地区、德班市、彼得马里茨堡、开普敦(开普半岛)和伊丽莎白港。主要的猪品种有南非兰德雷斯和大型白猪。

南非鸵鸟养殖业发达,占世界鸵鸟产品销售量的80%左右,其中包括鸵鸟的皮、肉和羽毛。1996年南

【走近南非】

1905年2月,在比勒陀利亚市东北方向50千米处名为卡利南村挖掘出一颗巨型钻石重达3 106克拉,这是世界上最大的一颗钻石,命名为"卡利南钻石",是世界钻石之王。钻石村展览室有这颗巨钻的复制品,每年吸引着成千上万的游客前来参观。

非出口鸵鸟肉800吨。1997年10月,南非议会通过法律,允许出口有繁殖力的鸵鸟和受精卵。以前这类出口被禁止,解除此项禁令后每年可望带来8亿兰特的收入。

4. 野生动物产品

南非拥有的野生动物数量和种类超过非洲其他国家。过去几年间,野生动物场发展很快,全国大约有8000个野生动物场,占地几百万公顷,投入了大量资本,已成为有活力和巨大经济发展潜力的产业。

野生动物场主要分布在林波波省、西北省、姆普马兰加省地区、自由邦、东开普省、卡卢地区、北开普省的卡拉哈里和夸祖鲁/纳塔尔省的荆棘丛林地区。过去几年虽然长期干旱,但是野生动物场的数量仍在持续增长。

(四)水产品

1. 水产养殖业产品

南非的水产养殖业约占非洲该产业的5%,占世界的0.03%。这一产业在养殖技术、营销战略、营销实践和科学创新方面都取

得了实质性的进展。主要的水产品种包括,贝壳类、鲑鱼类、牡蛎和开普海藻。

鲍鱼养殖成为水产分支产业,西开普地区建立了新的养殖场。

2. 海洋捕捞业产品

南非有近3 000千米的海岸线。南非政府遵

循200海里捕渔区的原则,对其中的海洋资源实行严格的保护。海洋资源保护政策是根据环境与旅游部的海洋渔业研究所的科学研究制定的,该政策的执行由全职的海产保护监察员负责,此外还有义务监察员参与该项工作。

海洋捕捞量每年约为60万吨,不到世界海洋捕捞总量的1%,其中90%来自西部海域。捕捞的主要海产品包括:鱼类、贝壳类和海藻。

南非拥有渔船4 000艘,雇用渔业员工约2.8万人。捕鱼方式包括大型渔网、拖网、潜水捕捞和季节捕捞。多种类浅滩捕捞占捕鱼量的一半,但是以经济效益计算,仍然以拖网捕捞为主。南非捕捞的主要鱼种是鳕鱼;限量捕捞的鱼类包括:鳀鱼、沙丁鱼、鳕鱼、鲷科鱼等。

(五)林业产品

南非已发现的天然树种有1 100种,其中近一半生长在南部和东部沿海地区以及内陆山脉的南部和东南部坡地;其余一半分布在内陆高原地区。南非本地林木被看作是国家的自然遗产和自然风光的重要组成部分。南非的自然森林资源有限,19世纪时林木受到严重砍伐,森林资源遭到破坏。直至20世纪80年代,南非曾是一个木材和木材加工产品的净进口国。

南非政府对天然森林采取保护政策,并引进外来树种进行人工造林。同时,为了满足对木材和造纸的需要,南非发展起世界上最大规模的人造商品林。商品林地占南非国土面积的1.2%,约1428万公顷。其中约70%为私人所有,30%左右为国家所有。南非已开发的人造林资源在世界占领先地位。南非林木的52%为松木和有商业价值的软木,34%为桉树类林木,13%为金合欢类树木。南非有200多家木材加工厂,产品包括板材、夹板、胶合板等。林业和木材加工业能满足南非所需木材的90%及所需的全部纸浆。进口木材主要是为满足特殊种类的需求,比如硬质枕木和制作家具的硬木。现在,南非已成为世界上重要的纸浆、纸张和其他木材加工产品出口国,还是世界上最大的人造纤维纸浆生产国,其纸浆生产和造纸技术在世界上处于领先地位。

人造林的产值每年约20亿兰特,加上林产品加工业,该行业年产值超过130亿兰特;其中1/3左右是出口收入,每年赚取外汇约50亿兰特。木材加工产品占加工业出口产品约10%。林业提供15万个就业机会。

1980年以来,对林业的投资以每年5%的速度增长,1996年林业投资达到234亿兰特。根据目前的消费水平,南非必须再开发30万公顷林地,才能满足国家到2020年时的木材需求。南非的林业开发和加工必须严格按照环境保护规则进行。按1995年的《森林法修正案》规定,建立"全国林业咨询理事会",负责对林业和木材加工业的商业和非商业事务提出政策建议。1996年8月,南非启动"全国林业行动计划",英国对该计划提供了630万兰特的资助。

根据《南非官方年鉴》2005/2006年卷的数字,南非商业林生产1 920万立方米木材,价值达41亿兰特(2003年),加上木材加工业,林业营业总额为146亿兰特,其中包括价值84亿兰特的纸浆。

(六)农产品营销

1. 营销法律和机构

《农产品营销法》(1996年第47号法) 于1997年1月1日开始实行。至1998年1月,南非食品生产和销售完全按自由市场规则运行。

农业部的农作物和质量控制司,负责制定绝大部分农业和农业相关产品的评判标准。这些标准包括:成分、质量、包装、标志、标签以及物理、生理、化学和微生物的分析。这些标准主要是根据南非国内的具体需要,并通常与国际标准一致。

2. 农产品的国际贸易

南非是世界上为数不多的常年出口农产品的国家,同时也进口农产品,但是总体上是出口大于进口。主要的出口产品有禽、蛋、玉米和牛肉。

南非的农产品贸易商、经纪人和南非期货交易市场的农产品营销部都已加入国际农产品市场。

(七)农业科研

南非有一支很强的农业科研力量,包括4 000名农业研究理事会的人员和1 000名田野科学工作者。其中很

【走近南非】

钻石的主要成分是一种碳化物,有资料认为,钻石是12亿年前火山爆发时形成的。当碳存在于地下15千米～25千米处,火山爆发时,巨大的压力和高温将这些碳喷出地面,久而久之形成钻石。克拉是钻石的重量单位,每克拉相当于0.2克。

多人是本领域具有世界水平的专家。

1. 农业生物技术

南非每年花费大量资金,利用化学、生物和机械手段控制杂草、植物病虫害。1998年,农业部的自然农业资源保护司用于杂草生物控制的开支约为44.1万兰特,该项目包括对褐色蝗虫和红嘴奎利亚雀的研究,研究的主要目的是寻找一些更利于环保的方法来控制这些虫害。2002年,南非农业研究委员会公布了第一部《植物虫害潜在危险指南》,该部指南在南部非洲其他国家也被使用。为了保护出口市场,农产品必须符合规定的标准。同时,根据1983年的《农业虫害法》,南非对进口产品的虫害控制也有严格的规定。

南非1997年制定《生物转基因法》,并于1999年12月1日开始实施,目的是规范南非的生物基因改良,保证生物安全和环境安全。2001年,南非农业部批准种植3种基因改良作物,包括防虫害棉花、抗莠棉花、防虫玉米。根据《南非官方年鉴》的信息,南非目前没有种植用于人类消费的转基因农作物,也没有出售转基因水果和蔬菜。

2. 兽医服务

南非绝大部分边界设有防止牲畜和野生动物穿越的围栏,并进行常年巡逻和维护,以阻止邻国的牲畜或野生动物进入。

国家兽医服务机构常年从事防止国外动物疾病传入

的工作，并预防和医治现存的动物
疫病。这些疫病对国家经济可能构
成巨大破坏，也可能威胁人和牲畜
健康。

　　有关防治动物疫病的立法为防
控动物疫病提供了根据。动物疫病
包括：口蹄疫、猪瘟、狂犬病和炭疽病。目前，口蹄疫只在克鲁
格国家公园流行，那里有携带口蹄疫的野牛出没。1996年，国
际上承认，除了克鲁格国家公园和附近地区外，南非是一个无
口蹄疫的国家。因此，为了保持现状，把疫病控制在流行地区
之内很重要。自20世纪60年代和70年代初以来，由于实行了国
家牲畜疫病控制计划，牲畜的肺疫和布鲁氏菌病的发病率已
经下降。为防止狂犬病发病率上升，特别是在夸祖鲁-纳塔尔
省正在采取全面的措施加以控制。

　　南非1992年的《屠宰卫生法》规定，在屠宰场必须有具备
资格的专业人员进行肉类检疫和卫生控制，以防止动物疫病
通过肉食品传染给人类或其他动物。兽医公共卫生司作为国
家机构，规定和审查了检疫准则和标准。为了对肉类的进出口
标准进行监控，一项残留物检测计划正在全国实行。

　　国家农业部的生物制品司，能够生产满足整个非洲的兽
医疫苗的技术和能力。该司的独特之处在于，它是唯一向非洲
提供防治动物疫病的15种疫苗的生产者，已加入泛非疫苗网
络。它提供大量的疫苗用以对付突发的动物疫情，比如牛肺
疫、皮肤病、裂谷热、马瘟疫和炭疽病等。生物制品司还参与了
动物流行病国际局、世界卫生组织和欧盟的有关项目。

　　3. 林业科研

　　南非具有世界水平的林业科研设施和人员，用于林业科

研的费用占林业年产值的3%。林业科研的优先领域包括：培育树种、实用造林学、气候、土壤、环境因素以及森林生态及其保护。林业研究机构主要有：商业林业研究所、科学与工业研究理事会的环境技术部、植物保护研究所、斯泰伦博什大学和奥兰治自由邦大学的林业科研机构以及林业公司的实用研究部门。

林学教育和林业技术人员培训也是国家农业部门优先考虑的。南非有关大学和技术学院设有林学专业，并给毕业学生授予相关学位。南非官方"研究开发基金会"为大学和技术院校与林业的相关研究项目提供资助，培养专门人材。林业公司也为这类技术培训提供奖学金。

第三节　农业政策概要

(一)农业发展战略

　　1995年6月,南非政府公布《农业白皮书》,这个有关农业政策的文件包括以下原则。

　　(1)为以前被排斥在农业资源之外的人提供更广阔的渠道;

　　(2)为刚开始从事农业的农户提供资金和技术援助,使他们最终成为能独立经营的农场主;

　　(3)保持和发展商品农业部门的经济活力,该部门以家庭为基础,以市场为导向并具有竞争力;

　　(4)促进国家和家庭的食品安全;

　　(5)发展和支持市场体制,以形成国内的自由竞争,同时有助于南非农场主在国际农产品市场的竞争力;

　　(6)农业生产应可持续

【走近南非】

相传3000年前，人类首次在印度发现钻石。在印度有一种特殊的豆树，豆子叫克拉，变干后大小重量相同，都是0.2克，形状及大小与钻石相似。于是人们使用"克拉"来衡量钻石的重量，这一度量衡便长期传下来。由于钻石坚硬不变，又富于魅力、神秘、光彩夺目，年轻恋人结婚时普遍喜欢馈赠钻石戒指及钻石饰品，以表示爱情的坚贞不渝，像钻石一样熠熠生辉，地久天长。

利用农业和水利自然资源；

(7) 发挥妇女和农业工人在农业中的作用；

(8)制定农业灾害管理政策，在制定生产和营销计划时要考虑到干旱这个自然灾害的因素。

2001年制定的《南非农业战略计划》，主要包括三项目标：平等进入和参与；国际竞争力和收益；可持续的资源管理。

土地改革　南非农业部和土地事务部的土地改革和重新分配土地的意图，是为黑人商业农场的发展创造条件。该项农业发展战略和计划旨在帮助正在兴起的黑人农场，使它们有能力进入南非的主流农业经济。从这个发展战略受益的人当中，除了新兴的黑人商业农场主之外，还有很多是黑人农业工人和佃户。

粮食安全　当前，南非的食品生产能够满足国内需求，但是，该国在粮食安全方面仍然面临各种挑战。比如，保持和改进现有的国家食品充足状况；制定全国性的粮食安全总体框架，使得每户和每个人都能得到可持续性的粮食安全。同时，制定和实施地区性和国际范围内的粮食安全合作计划。

南非农业部发展计划司负责推动和协调粮食安全政策的发展进程。南非政府的粮食安全文件承认，当前需要解决的是建立健全的粮食安全机构，成为政府部门、非政府组织和私人部门向最需要粮食安全保障的人口提供援助的渠道。粮食安全与消除贫困密切相关，农业对家庭粮食安全的重要作用包括推动各家各户的粮食生产、增加收入和创造就业。但是，由于农业政策改革进程的缓慢，使得粮食安全计划的实施受到影响。

在南部非洲地区，南非承诺与南部非洲发展共同体其他成员国共同努力，以实现地区粮食安全。南非还从地区的工作经验交流计划中受益，加强了南非官员与地区性的粮食安全机构相联系。

在国际上，南非与其他国家进行合作，承诺支持《1996年罗马宣言》提出的世界粮食高峰行动计划。在这个行动计划中，联合国粮农组织成员国要保证采取行动，以确保技术发展、农场管理、贸易和经济增长政策以及分配制度，都要有助于促进粮食安全，防止或预测自然灾害和人为灾害，以使对粮食安全的威胁降到最低程度。

预警系统 预警系统(EWS)是指建立的信息系统，以监测某国或某地的人口得到食品和水的情况，以便对即将发生的粮食危机及时发出警告，并引起适当的重视。南非的天气预报局和农业研究理事会是本国主要的天气预报机构。预警系统的运作不是由中央控制，这种情况近期将会改变。全国灾害管理中心将协调全国绝大部分地区的灾害控制活动，包括预警系统。南非于1998年出台《灾害管理绿皮书》。

1997年9月，南非政府提出要采取适当和有效的措施，以确保减少厄尔尼诺现象的危害。随后拟定了一个建议报告，帮

【走近南非】

卡利南钻石是世界上最大的金刚石,发现于1905年,产地为南非德兰士瓦的普雷米尔矿山。卡利南钻石无色,重3106克拉,约合621克。此钻石被当地政府购买后作为礼物赠给当时的英王爱德华七世。

助中央和省政府制定计划,减少可能出现旱灾。

农业可持续发展研究 为了应对农业可持续发展的挑战,南非农业研究委员会对全国的土壤、气候和水源进行了调查研究,旨在对土地使用的决策提供帮助。南非还建立了全国的"农业土地资源信息系统"(GIS),通过互联网向公众提供农业发展潜力和土地适用性质方面的信息。

南非农业存在的问题主要是农村地区土地退化。土地退化加剧的主要因素包括:生活用木柴的采集、土地使用不当、人口密度过大和过度放牧等;另外,种植某种农作物导致的土壤板结,也是土地退化的原因之一。水土流失影响的耕地面积达到10万公顷;受风化影响的土地面积为1 090万公顷。目前,南非土地退化情况还未建立信息档案。

(二)土地管理与投资法规

土地管理 农业部通过下属的土地管理局的财政和土地管理部门,控制和管理国有的农业土地。国有农业土地分为两部分:其中691 407.787公顷是南非发展信托公司以前购买的土地,现已成为国有土地;另外一部分是商业用地,来自购买破产者的房地产(约92 334.376公顷)。农业部的重要目标是,临时管理国有农业土地,最终用于安置农户。

投资法规(投资法、商法、企业法、劳动法、税法)

(1)贷款和援助

1997年8月南非政府通过了《农村财政服务调查委员会最终报告》。该报告的建议之一是,中央政府农业部门应该停止发放农业信贷,并暂停它以中央直接批发商的角色提出的政策动议。结果,农业信贷董事会(ACB)直接发放信贷的职能被终止,通过金融中介机构(批发职能)实行的政府援助生产贷款计划将分阶段推出。

有关政府修正对农业财政政策的初步报告提出的一些建议,主张通过促进机构和农场主金融代理机构来扩大信贷渠道。农业财政政策工作小组的报告草案已经完成并将征求意见。该报告提出一系列措施,以使过去由于制度原因而被剥夺了资助渠道的人能获得适当的服务。

南非的农业部门长期以来是净借贷部门,即它的借贷高于储蓄。农业部门的累积债务1973年为17.25亿兰特,1984年为94.95亿兰特。1995年以来,农业单位的借贷以年均10%的速度增长,到2002年达到282.2亿兰特。

农业企业的借贷有六个主要来源:银行(占39%)、农业合作社组织(占14%)、土地银行(占28%)、私人信贷(占9%)、其他信贷和金融机构(占8%)、政府(占2%)。

(2)土地和农业银行

南非土地和农业银行,一般称为土地银行。它是具有法定地位的金融机构,其权利和运作依照1944年的《土地银行法》(1944年第13号法)的规定。土地银行按照商业规则向农场主、合作社和法定农业机构发放贷款。贷款分为短期、中期和长期三种。通常,最重要的长期贷款(抵押债券)是以农场固定资产为抵押。中期和短期贷款的批准是以该农业企业的经营期票做抵押。中期贷款通常发放给购买拖拉机、农具和牲畜者。短期贷款主要用于生产和销售某种农产品者,但是短期贷款只限于农业的少数部门。

第四节　矿产资源与矿业的大开发

　　南非矿产资源极其丰富，可谓得天独厚。除了石油和矾土两种战略产品目前发现的储量较少之外，南非拥有几乎所有重要的战略矿产资源，储量占世界领先地位。这些矿产资源包括通常所说的五大类：贵金属矿物、能源矿物、有色金属矿物、铁类金属矿物、建筑用矿物。在德兰士瓦地区中部(包括西北省和姆普马兰加省)从东到西有一个方圆5万平方千米的浅碟形地质构造，蕴藏着世界上很大一部分重要矿物，包括铂和铂族金属、铬、钒、镍、莹石和硅酸盐，其中铂、铬、钒的储量居世界之首。威特沃特斯兰德盆地，有世界储量最大的金矿带。开普敦西北部，有世界储量最大的锰矿。金伯利一带有世界著名的钻石矿带。南非的煤炭储量也很丰富，居世界前列。南非是世界最大的

黄金和铂金生产国。南非的钻石生产位居世界第四，仅排在博茨瓦纳、加拿大和俄罗斯之后。

南非的现代矿业已经有150年的历史。19世纪60年代后半期在瓦尔河的冲积层发现钻石后，又在金伯利地区发现了更大规模的干矿床。钻石开采业的兴起吸

【走近南非】

南非是目前世界上六大有名的葡萄产区之一，葡萄种植面积约1.1万公顷。葡萄酒年产量约10亿升，约占世界总产量的3%，年出口量约4亿多升，主要输往英国等欧洲国家。我国近年来对南非葡萄酒也十分喜欢，价廉物美。

引了成千上万采掘者，有白人也有黑人。金伯利成为非洲第一个工业中心，并于1880年被并入英属开普殖民地。到1888年，为了达到垄断矿区土地的目的，建立起英国殖民者塞西尔·罗得斯控制的德比尔斯(De Beers)钻石公司。罗得斯利用其权力和财富取得开普殖民地总理职位(1890～1896)，并通过他的英国南非特许公司征服和统治了现今的赞比亚和津巴布韦。大约在20年后，1886年在威特沃特斯兰德发现了金矿，使南非90%的黄金生产集中在约翰内斯堡周围地区的威特沃特斯兰德盆地。欧内斯特·奥本海默1917年创建的"南非英美公司"是南非矿业中最大的垄断公司。过去一个世纪当中，世界黄金产量的47%左右出自南非。南非的铂和铂族金属蕴藏在约翰内斯堡以北的鲁斯腾伯格地区，这里是铂族矿业的中心。

南非矿业的开发虽然在19世纪后期吸引了英国和欧美的投资者，使非洲南端迅速进入西方工业化的体系。但是，南非矿业在后来一个多世纪的发展基本上属于国内私人部门，外国投资不占主导地位。矿业的兴起催生了南非的现代工业化进程，引起南非社会的深刻变化，形成资本和劳动的集中和对垒，也摧毁了传统社会的生产和生活方式。

南非矿业的勘探和开采，经百余年的发展已经形成完备的采、选、冶、炼和加工等全套现代矿业体系。南非具有世界规模的初级产

品加工设备和能力,除黄金和铂产业之外,还包括碳钢、不锈钢和铝业。同时,矿业的下游加工业也有很大的发展空间,提高了当地铁、碳钢、不锈钢、铝、铂族金属和黄金产品的附加值。南非矿业的实力还体现在它的高水平的矿业技术和专业化的生产经验以及全面的矿业研究和开发活动。

南非矿业随着本地和国际的需求与环境的变化而不断扩展变化。当前,矿业虽然在国内生产总值中的比重相对降低,但是在南非经济中继续发挥重要的基础作用,是外汇收入的重要来源,也是提供就业的重要部门。

南非的采矿机械、选矿技术设备、矿井通讯和安全保障技术、矿产品冶炼和加工技术等,均名列世界前茅。其深井开采技术输出到南美、澳大利亚、加拿大和欧洲,南非矿业公司也已打入欧洲、拉美和非洲国家的市场。

随着南非矿业公司向国际领域的开拓与并购,近年来南非的矿业跨国公司向着更加集中化、大型化和国际化转变。目前,南非的巨型矿业公司主要有盎格鲁铂金公司(Anglo Platinum)、盎格鲁黄金公司(Anglo Gold)、德比尔斯公司(De Beers)、康姆巴资源公司(Kumba Resources)、戈德费尔德公司(GoldField)、伊姆帕拉铂金公司(Impala Platinum)、米塔尔钢铁公司(MittalSteel South Africa)等。

代表南非矿业公司利益的南非矿业商会 (Chamber of Mines),自1889年建立以来一直是南非最有影响的矿业行会,其成员包括独立的矿业金融公司和矿业公司,占南非矿业产出的85%。

第五节　矿业在经济中的地位

(一)矿业在国内生产总值中的比重

自19世纪后半期钻石矿业和金矿业大规模开发以来,矿业一直是南非经济的支柱，矿业的发展带动了南非的工业革命。直到1943年，制造业在国内生产总值中的比重开始超过矿业，矿业在国内生产总值中的比例逐渐下降，到20世纪90年代初仅为10%左右。1994年以后,矿业在国内生产总值中比例虽然有起伏，但是大致在6%～8%

> ## 【走近南非】
>
> 　　南非葡萄种植园主要分布在开普地区，约占全国葡萄种植园的90%。据葡萄种植专家认为，世界优质葡萄酒用的葡萄应生长在地球纬度南纬34度的地域附近，而南非开普敦地区正好处于此地理位置，加上离赤道较近，光照强度十分充沛。故南非开普地区可以与世界上盛产葡萄的典型的地中海气候相媲美，地中海大国意大利、法国、西班牙葡萄酒生产名列世界前三名。

之间。2005年,矿业对南非经济总增加值的贡献为6.9%,达到943亿兰特,比2004年增加了68.3亿兰特。

(二)矿业产品是南非外汇收入的主要来源

国际市场对南非战略矿产品有巨大的需求,尽管这种需求随着世界经济走势和政治安全形势的变化而时有波动,但是南非始终是国际战略矿产品的重要来源，近年来其地位更有上升之势。南非矿业在经济中的比重虽然下降，但是矿产品出口仍是其外汇储备的主要来源。1990年，矿产品占出口总值的61.55%，其中黄金占矿产品出口收入的61%；1994年，矿产品出口占出口总值的50%以上。从绝对数字看，矿业产品出口虽逐年有所增长，但是由于制造业的发展，制造业产品出口在1995年超过矿业。此后，矿产品占出口比例下降，1995年占44%，2000年占38%，2005年占31%。但是，矿业对相关产业的带动有巨大潜力，因此矿业部门对国内生产总值的贡献大约为7%。

(三)矿业是创造就业的重要部门

南非的矿业开采是劳动密集型产业，长期以来是提供较多就业岗位的部门。南非矿业工人数字在1935年就超过40万人，1945年增加到47.3万人，1950年超过50万人。从1951年开始，制造业雇工超过矿业；但是矿业雇用工人数也在增长，1955年增加到54万人；1965～1975年保持在63万～64万人；1985年达到历史最高水平，超过72万人。从1990年开始，矿业雇用工人下降到70万人以下，1995年下降到近60万人，2000年进一步减少到41万。进入21世纪，随着南非矿业的调整和国际需求的变化，矿业雇用工人数在40万～57万人之间起伏，占全国

劳工总数5%以下,在各产业雇员人数中列第8位。在南非矿业雇用工人当中,金矿业约占一半,2003年为45.7%;其次是铂族金属业,占28.8%。随着铂矿部门的扩展,使铂矿雇用工人从2003年的111 745人,增加到2004年的140 287人。

"全国矿工工会"(National Union of Mineworkers)是南非实力最强的工会组织之一,目前有会员26.2万人,其中的2/3为矿业劳工。

第六节　南非主要矿业部门

(一)黄金

南非黄金的工业化开采已经有120多年的历史，在南非矿业生产中始终占据首位。但是，2001年铂族金属的收入(38.8亿美元)第一次超过黄金收入(33.7亿美元)。2006～2007年度，黄金占矿业总收入比重降到26.7％，铂族金属占27.6％。南非黄金的蕴藏量至今仍很丰富，到2004年依然占世界储量的40％。

南非的金矿95％为地下矿井，开采面最深达3800米。由于矿层埋藏深，开采亦更加困难。南非黄金产量在20世纪90年代中期开始呈下降态势。1994年南非矿业生产不景气，特别是黄金产量从1993年的619吨降至584吨；1999年进一步下降到400吨以下。黄金产量下降的原因有大选前后政局的不稳定和劳资冲突对生产的影响，也有国际金价波动和金矿石含金等级下降等因素。矿石含金量1999年为每吨4.6克，2000年为每吨4.5克。1980～2005年，黄金占南非货物出口收入的比例从51％下降到9.1％，金矿业工人也从47.6万减少到17.5万。

尽管如此，国际市场对南非矿产品的需求仍有增长趋势，这有利于南非矿产品价格和产量的提高。2004年，南非黄金产量约占世界产量的14%。南非黄金年产量虽然仍低于300吨,但是国际市场黄金价格的升高给金矿业的改造和发展带来希望。2005年,国际市场黄金价格回升到接近500美元／盎司;2006年5月金价更是攀升到725美元／盎司,达到近20年来最高价格。

2004年7月,南非黄金巨头盎格鲁黄金公司收购加纳阿杉提金矿后,形成世界第二大金矿公司盎格鲁–阿杉提黄金公司(ANGLOGOLD ASHANTI)。兼并后,该公司的市值为87亿美元,在非洲、美洲和大洋洲的11个国家中拥有25家下属企业和分支机构,年产黄金约700万盎司。

(二)铂族金属

铂族金属包括五大类,即铂、钯、铑、钌和铱。南非早在1919年就在几个大的金矿中找到铂族金属,1924年发现第一个铂金矿。目前,南非有18个运行中的铂矿,两个恢复中的铂矿。

国际市场对铂族金属的需求近年来处于上升趋势,一个重要原因就是,美国和其他大国因减少对石油的依赖和限制排放的需要而寻找替代燃料。一种被看好的可能性是用氢为动力的富铂燃料箱／燃料电池,取代依赖石油的内燃机。另外,化学工业和计算机硬件以及首饰也需要铂族金属。南非占世界铂储量的70%,铂族金属价格的上升对南非的国际收支

【走近南非】

在开普敦地区，当你驱车放眼窗外，就会被一望无际、绵延不断的葡萄种植园迷住，惊叹其秀丽风景，绿油油的葡萄树一片片相连，像是精雕细刻的园艺展示。由于开普地区多为丘陵地带，各处种植园因土质和接受的水气及阳光照射各有差异，因此生长了多种品味不同的葡萄，由此酿出多种品格的葡萄美酒。

是利好因素。

过去20年间，南非的铂族金属产量稳定增长，近年来更为突出。2001年，南非铂族金属产量为207吨；2002年，产量提高了4.7%，达到240吨，但是收入下降14.6%，为33.1亿美元。当年铂金均价为540美元／盎司；而钯的均价为337美元／盎司，下降了44.1%。

2004年，铂族金属产量增长7.7%，达到286吨；同年，铂族金属收益增长35.7%，达到51.7亿美元。2004年，铂金价格上升22.2%，达到每盎司846美元；钯的价格上升147%，达到每盎司230美元。2005年，铂族金属产量达到303吨，超过黄金产量。该部门雇员从2001年的1万人，扩大到2004年的14万人。

铂族金属在南非国内的销售近年来有突出的增长，从1997年的几乎零销售上升到2002年的4.15亿美元，主要需求来自国内制造业的发展和向国际市场提供汽车排放净化系统。

南非的铂金公司近年来在扩大投资。铂族金属矿业的投资增长，主要投入新矿建设、旧矿扩建以及矿产品加工厂和熔炼厂。盎格鲁铂金公司(Anglo Platinum)正在进行大规模的扩张计划，扩大生产规模75%，达到年产350万盎司。伊姆普拉茨公司(Implats)的战略是保持它在南非西北部的伊姆帕拉(Impala)铂矿的产量(年产100万盎司)，同时买进南非和津巴布韦新项目的部分股份，以使该公司的年产量在近期达到200万盎司。

在南非政府扶助非洲人经济发展的政策支持下，非洲人

彩虹矿业有限公司 (African Rainbow Minerals Limited) 在两个铂金矿——莫迪克瓦矿和两河铂金矿拥有股份。在莫迪克瓦矿的股权当中，非洲人彩虹矿业有限公司占41.5%，盎格鲁铂金公司占50%；在两河铂金矿中，非洲人彩虹矿业有限公司占55%的股份，伊姆帕拉公司占45%。

(三)钻石

南非的钻石矿业开始于19世纪中期，它是南非现代矿业的发端产业。南非的钻石蕴藏量占世界24%，排名世界第4位(1991年6月数据)；钻石产量占世界10%，排名世界第5位 (1989年数据)。2002年南非钻石产量占世界总产量的8%，排名仍为世界第5位。其他钻石生产大国的排名如下：澳大利亚排名第1(占25%)，博茨瓦纳第2(占22%)，刚果(金)第3(占17%)，俄罗斯第4(占15%)。由于世界市场对钻石的需求量增加，南非的钻石生产也受到刺激。根据南非矿业与能源部的数字，南非钻石产量2002年为1 090万克拉；2005年增加到1 580万克拉，价值约17亿美元。南非钻石主要产自金伯利钻石矿脉，2005年占全国产量的91%。产于冲积层的钻石约占全国产量的9%；海底钻石开采虽然在进行，但是产量很小。

德比尔斯矿业公司是南非最大的钻石公司，也是居世界首位的钻石大王。自1888年建立以来，德比尔斯矿业公司一直控制着南

【走近南非】

尽管所占份额下降,但德比尔斯矿业公司在世界钻石业中仍然处于主导地位。德比尔斯矿业公司通过其设在伦敦的钻石贸易公司控制着世界60%的钻石市场。

非的钻石业,占南非钻石生产量的97%,并在很长时期占世界钻石产量的80%。但是,近年来,随着世界其他国家钻石矿业的发展,德比尔斯矿业公司所占世界份额下降到40%(2005)。德比尔斯公司拥有并管理分布在四个国家的18个钻石矿。该公司与德比尔斯海洋公司(De Beers Marine)、纳米比亚德比尔斯钻石公司(Nandeb)和博茨瓦纳德比尔斯钻石公司共同拥有世界钻石产量的50%。

为了保证国内钻石加工业得到足够的原料,发展南非的钻石切割和打磨企业,改变钻石加工由以色列和印度垄断的局面,南非议会在2005年底通过《钻石法修正案》,使南非政府能够有效控制国内钻石市场。根据这项立法,南非成立了钻石交换和出口中心、钻石规范机构和国家钻石贸易机构。该法还规定征收15%的钻石出口税。南部非洲其他钻石生产国,特别是世界第一大钻石生产国博茨瓦纳,也在实施钻石加工本地化的政策。博茨瓦纳政府与德比尔斯矿业公司签订协议,发展博茨瓦纳的钻石加工业,计划开办4个钻石加工厂,以增加钻石出口的附加值,使当地分享钻石生产的收益。

(四)其他矿产品

1. 有色金属

南非的有色金属主要有铜、镍、钴、锆、锌、铅和砷精矿。有色金属占国内初级产品销售的12%,占初级产品出口的4%。该类产品44%的收入来自国内销售,主要用于增加附加值的加工业。

2. 含铁矿物

南非的含铁矿物主要有铁矿、锰矿和铬矿。近年来,由于国际市场对钢材和不锈钢需求的增加,含铁矿物成为南非初级矿产品工业的重要部门，年收入以10%的速度增长。2003年，含铁矿物出口收入为41.6亿兰特；2004年达到48.4亿兰特，年增长16.3%。由于含铁金属矿产品价格的提高，2004年总销售收入达到68.1亿兰特。

【走近南非】

南非葡萄酒历史几乎与欧洲在南非的移民历史一样悠久。1659年荷兰殖民者率先进入开普敦地区，发现开普敦地区气候与葡萄酒的著名产地西班牙和法国相似，他们就开拓种植葡萄园，仅仅经过7年时间，开普敦葡萄酒便已问世。

3. 工业建筑用矿物

南非有多种工业建筑用矿产材料，其产量的80%供应国内消费。2002年，在国内销售的工业建筑用矿产品主要包括：石灰石和石灰(占26%)、磷酸盐岩(数据未公布)、混凝土材料和沙土(25%)、硫磺(5%)。出口工业建筑用矿产品主要有石材(占46%)、蛭石(占15%)、莹石(占15%)、红柱石／硅酸盐(占9%)和磷酸盐岩(数据不详)。

2004年，工业建筑用矿产品国内销售收入按美元计算为9.42亿美元，比2003年增长25%；按兰特计算增长15%，达到50亿兰特；出口收入增长21%，为10亿美元。

4. 加工矿产品

南非生产多种加工矿产品，主要包括铁合金和铝，其他还有钛渣、磷酸、钒、锌化金属和低锰生铁。近年来，国际市场对加工矿产品的需求增强，使南非此类产品的出口量增加，每年收入以6%的速度上升。由于中国和东亚地区国家的需求旺盛，南非加工矿产品的出口收入2003年为28.89亿美元，2004年增加到40.96亿美元，年增42%。

第七节　矿业的方向和改革

　　1994年新南非政府成立后,规定了矿业的发展目标是使其更具国际竞争力,继续成为南非有活力的生产和经营基地,在国际矿业领域继续发挥重要作用。在南非经历政治变革和经济全球化的形势下,南非矿业开始结构改革和公司结构合理化的进程。改革的重点是确定赋予黑人经济权利的政策和计划,保障国民参与矿业开发的平等权利,使矿业造福整个社会;其次是关注矿业的可持续发展,规范矿产资源的开采权。

　　南非政府的矿业与能源部负责南非的矿产和能源资源的勘探、开发、加工、利用和管理。矿业开发的目标是改造采矿工业,推动矿业的可持续发展,使南非全体国民受益。

　　南非政府规范

矿产资源的采矿权利管理的法律是2002年制定的《矿产和石油资源开发法》,于2004年5月公布,2005年5月生效。这项法律承认国家对矿产资源的主权和管理权;规定对历史上受到不公正待遇的人士(主要是黑人)得到平等利用矿产资源的机会,得到经济发展、就业和社会经济福利以及土地使用权的保障。根据该项法律,南非建立了全国矿业促进体系,为矿业能源部改进矿业注册管理、促进投资、开采权注册提供了便利。

第八节 理财达人的致富之道

个人信用贷款

个人信用贷款是指银行等机构为解决借款人临时性的消费需要而发放的贷款服务,个人信用贷款无需抵押和担保,但是不同信贷机构有着不同的贷款条件、贷款流程以及审批额度。

目前不少"80后"都已"为人父,为人母",步入了"上有老,下有小"的年龄段,肩膀上的担子十分沉重,如何合理地管理资金,改善生活品质成为每个"80后"都应该考虑的问题。

1.申请条件

个人信用贷款是以个人信用及还款能力作为基础的贷款服务,贷款人需要符合一定条件,并拥有和保持良好的个人资信,才可以免担保获得一定额度的贷款。下面以中国工商银行个人信用贷款为例,介绍其申请条件。

(1)具有完全民事行为能力的中国公民,年龄在18(含)到60(含)周岁之间。

（2）具有合法有效的身份证明及贷款行所在地户籍证明（或有效居留证明）。

（3）具有稳定的收入来源和按期足额偿还贷款本息的能力。

（4）具有良好的信用记录和还款意愿，无任何违法行为及不良记录。

（5）在工商银行零售内部评级系统中取得B级（含）以上风险等级。

（6）工商银行存量客户，客户星级应在4星级（含）以上。

（7）在工商银行开立个人结算账户。

（8）银行规定的其他条件。

除具备以上基本条件外，还须具备下列条件之一：

工商银行优质法人或机构客户中高级管理人员及高级专业技术职称人员。其中，对优质法人或机构为工商银行代发工资客户的，须为在上述单位工作年限三年（含）以上在编正式员工，或驻军、武警部队军衔为少校（含）以上人员。

工商银行私人银行、财富管理、牡丹白金卡或理财金账户客户。为理财金账户客户的，须持有工商银行理财金账户卡一年（含）以上，且近一年内本人名下在工商银行的金融资产价值季度日均余额在20万元（含）以上。

在工商银行非质押类个人贷款累计金额100万元（含）以上，且最近连续2年（含）上没有逾期记录（含已结清贷款）。

本人家庭拥有净资产（不动产和金融资产）达300万元（含）以上，或近6个月持续拥有且日均

金融资产在50万元(含)以上。

不低于工商银行私人银行、财富管理或牡丹白金卡准入标准的他行优质个人客户。

个人税前年收入20万元(含)以上。

2.贷款额度与期限

工商银行个人信用贷款的贷款起点金额为1万元，贷款期限最长不超过3年。

3.贷款利率

贷款利率按照中国人民银行规定的同期同档次贷款基准利率执行。

4.还款方式

工商银行的个人信用贷款采用分期还款的方式。

房产抵押贷款

房产抵押贷款俗称按揭贷款,是指银行向贷款者提供大部分购房款项,而购房者分期向银行还本付息。

目前国内房价飞涨,很多"80后"家庭购房都采用房产抵押贷款的形式,"房奴"的比例在进一步增加。

1.住房抵押贷款条件

不同的银行有不同的贷款条件,以下是最常见的贷款条件。

(1)具有完全民事行为能力的自然人,年龄在18(含)到65(不含)周岁之间;外国人以及港、澳、台居民为借款人的,应在中华人民共和国境内居住满一年并有固定居所和职业。

(2)具有合法有效的身份证明、户籍证明(或有效居住证明)及

【理财密码】

在未还清本息之前,购房者的购房契约将被银行作为抵押,如果购房者不能按照期限还本付息,银行有权将房屋出售,以抵消欠款。

婚姻状况证明(或未婚声明)。

(3)有稳定的经济收入,具有偿还贷款本息的能力, 并且没有不良信用记录。

(4)能够提供银行认可的合法、有效、可靠的房屋抵押。

(5)贷款行规定的其他条件。

2.房产抵押贷款所需材料

(1)借款人及其配偶有效身份证件、户籍证明(户口簿或其他有效居住证明)、婚姻状况证明原件及复印件。

(2)个人收入证明,如个人纳税证明、工资薪金证明、投资收益证明、在工行或他行近6个月内的平均金融资产证明等。

(3)贷款用途证明或声明。

(4)抵押房产权属证明,如果抵押房产已办理了土地使用权证,则土地使用权证应同时提供。

(5)银行要求提供的其他文件或资料。

3.贷款额度

以工商银行的房产抵押贷款为例,最高可达抵押房产价值的70%。

4.还款方式

房产抵押贷款可以采用分期还款的方式。

案例:小李遭遇贷款骗局

小李是个颇有想法的"80后",大学毕业没多久,想要和朋友一起合伙创业,但是苦于没有创业资金,后来经过网络搜索联系到了某贷款公司的员工许某。许某对小李进行了为时5分钟的所谓"资质审核",随后便答应为小李发放无抵押无担保贷款20万元,并与小李约定在某咖啡厅见面,当面签订

【理财密码】
　　房产抵押贷款的贷款用途可以选择用于经营、购车、教育、医疗、大额耐用品消费以及其他合法合规用途。

合同,发放贷款。

　　当小李兴冲冲地赶到约定地点后,许某却并没有出现,而是在电话里跟小李说:"刚接到上级通知,要求借款人必须先汇款支付一个月利息,用来验证贷款的诚信度,随后便可顺利签约放款。"于是小李不假思索在就近的 ATM 机上给许某汇款 2 000 元。

　　当小李通知对方查收的时候,许某再次要求小李支付 2 000 元的安全保证金,此时小李有点犹豫了,但是考虑到如果不付这 2 000 元,那么之前的 2 000 元肯定打水漂了,于是再次汇款。结果刚转账没多久,许某打电话来说:"由于你没有任何担保,所以还需要支付 4 000 元的担保金。"

　　此时小李如梦初醒,明白自己掉进了网络贷款骗局中,于是赶紧到派出所报案。派出所的陈警官告诉小李,网上的所谓"无抵押贷款"一般都是骗局,骗子的招数也大多比较简单,总结起来有以下几点。

　　(1)贷款所要求的条件特别低,不需抵押也不需要对方贷款者的收入核实。可以说只要你想贷就可以给你贷。

　　(2)不敢公开自己的公司名称,不能提供公司营业执照,不能提供正规的合同文本和发票,甚至从始至终都只有一个手机号码,连固定电话都没有,连对方人都没看到。

　　(3)发放贷款之前,以各种名目向贷款者收取所谓的安全保证金、担保费、手续费以及律师费等,钱财骗到手之后就不会再理睬贷款者了。

房屋装修贷款

房屋装修贷款是指以家庭住房装修（也有银行为商用房提供装修贷款）为目的，以借款人或第三人具有所有权或依法有权处分的财产、权利作为抵押物或质押物，或由第三人为贷款提供保证，并承担连带责任而发放的贷款。

物价和人工费的增长，提高了房屋的装修成本，房屋装修贷款不失为一个解燃眉之急的好方法，也逐渐被众多"80后"家庭接受。

1.装修贷款申请条件

（1）具有当地常住户口及合法有效的身份证明。

（2）有正当职业和稳定收入，具备到期偿还贷款本息的能力。

（3）借款人能提供有关资产证明、银行对账单以及税单证明等。

（4）对新购住宅装修的还需要提供房屋买卖契约、购房发票等资料，原有住宅再次装修的应提供房屋所有权证明材料。

（5）合作机构所规定的其他条件。

2.装修贷款所需材料

（1）申请人和配偶以及参与还款人的身份证、户口簿（复印件）。

（2）申请人的结婚证明或未婚证明。

（3）申请人及参与还款人的收入证明。

（4）房屋产权证明或公有住房租赁凭证。

（5）其他合作机构要

求提供的材料。

3.贷款额度

不同合作机构的贷款额度都有所不同,以工商银行为例,其单笔贷款额度原则上不超过 15 万元人民币, 同时不超过装修工程总费用的 70%。

4.还款方式

房屋装修贷款的还款方式有两种,每位借款人可以选用其中一种方式进行还款。

(1)银行根据与借款人签订的《借款合同》约定的还款计划、还款日期,从借款人活期储蓄账户扣收当期应偿还贷款本息。

(2)借款人到银行的营业网点偿还贷款本息。

第九节　南非名人榜——塔博·姆贝基

姆贝基自幼酷爱学习,上中学时就读过《共产党宣言》等著作。1956年加入非国大青年联盟,积极参加反对种族主义的学生运动。1961年流亡英国,曾获经济学硕士学位。1967年起,在非国大驻英国、博茨瓦纳、斯威士兰、尼日利亚等办事处和赞比亚总部任职。1975年起历任非国大全国执委、非国大领袖办公室政治

书记、新闻部主任、国际部主任。1989年率非国大代表团同南非白人政权举行秘密谈判。1991年起,作为非国大的主要谈判代表之一,参与南非多党民主谈判的进程。1993年起先后出任非国大全国主席、副领袖,1997年接替曼德拉担任非国大领袖,直至2007年12月。1994年5月任新南非政府第一副总统,全力辅助曼德拉总统执政。1999年6月当选总统,2004年蝉联,2008年9月辞去总统之职。

姆贝基执政期间,奉行种族和解政策,重视经济发展,努力提升黑人在政治、经济、社会等方面的地位。他倡导"非洲复兴"思想,认为21世纪是非洲的世纪,主张非洲的问题由非洲人解决。重视加强发展中大国之间的团结合作。国内外舆论曾认为,姆贝基是非洲政

坛上一位"学者型政治家"。

姆贝基多次访华。1993年5月作为非国大国际部主任首次访华。1998年4月以副总统身份以及2001年和2006年以总统身份正式访问中国。他出席2006年11月中非合作论坛北京峰会，并为会议做出积极贡献，努力推进中国与非洲的合作和友谊。在国际事务中，他与中国领导人保持密切协调和合作，共同为维护发展中国家的正当权益而努力。

第四章　交通业的发展

　　在经济社会发展过程中，南非逐渐建成遍及全国的交通运输和通信体系。1910年，南非建立铁路和港口管理局，负责管理全国大部分交通网络。1985年，该机构转变为南非运输局(SATS)。南非的交通运输长期由政府交通部统一协调管理。1990年建立的交通网络有限公司(Transnet)是国有企业，主要经营6个方面的业务：铁路运输、公路运输、港口服务、南非航空公司、输油管道和邮政业务。

　　人在前30年是凭借自己努力工作来赚钱,而在30岁之后就开始用钱赚钱,最后是靠人际关系赚钱,无论是在哪一个阶段,赚钱都是我们最直接的目的,其他就是赚钱的方式而已了。虽然都是赚钱的方式,但是每一种方式给我们带来的财富都是不同的,并且辛苦程度也是不同的。前30年辛苦工作可是赚来的钱却非常的少,在30年之后,投资理财带来财富不但没有那么辛苦,并且收获的钱会更多,只要你养成投资的习惯,成为百万富翁绝不是梦想。

　　每天为了支撑我们的生命活动,消费就成为必需的了,想要致富就必须把消费控制住,很多人都知道用开源节流的方法来累积财富,这些其实都不是真正能够让你致富的根本。

第一节　交通业的发展

　　在经济社会发展过程中,南非逐渐建成遍及全国的交通运输和通信体系。1910年,南非建立铁路和港口管理局,负责管理全国大部分交通网络。1985年,该机构转变为南非运输局(SATS)。南非的交通运输长期由政府交通部统一协调管理。1990年建立的交通网络有限公司(Transnet)是国有企业,主要经营6个方面的业务:铁路运输、公路运输、港口服务、南非航空公司、输油管道和邮政业务。种族隔离制度之下的交通设施建设如同其他领域一样,在"白人区"是第一世界水平,而黑人住区则是第三世界的状况。

　　1994年新制度建立后,政府在改善黑人住区基础设施和提高全国交通运输效率方面,制定了相关发展计划,并启动一系列大型建设项目。南非政府规范交通政策框架的法律主要是1999年的《南非运行战略》(Moving South Africa Strategy)和2000年的《全国陆地交通过渡法》(National Land Transport Transition Act)。南非政府交通方面的政策,主要是改进和扩大基础设施,提高交通运输效率,对公共交通给予补贴,减少公共交通的成本。2005～2006年度,南非为公共交通补贴的拨款为30亿兰特。

　　南非政府在2004年10月投资1 650亿兰特,用于基础设施项目建设,其中包括交通项目。交通网络有限公司(Transnet)计划在5年内投

【走近南非】

据说,1688年,在法国受到宗教迫害的胡格诺特派教徒大举迁移南非,也将先进的酿酒技术带到了南非,使南非葡萄酒水平显著上升,在世界性比赛中多次得生产奖,开始饮誉海内外。

入420亿兰特,以改变南非与国际相比运输成本偏高的状况,降低运输成本,提高设备利用率。其中的190亿兰特用于铁路建设,以吸引更多的客户从公路运输转向铁路运输;38亿兰特用于改善矿区铁道线路。南非航空港公司投资52亿兰特,在4年内提高机场基础设施,为2010年世界杯足球赛在南非的成功举行做了充分的准备工作,工程包括扩建航空站,在10个机场建设新的停机坪和停车场。

1994年以来,交通网络有限公司扩大业务,现分为8个方面。在原来的6个领域之中,港口运输分成港口基础设施管理和港口终端与货物装卸两部分,新增加了电信部门的业务。

交通网络有限公司2004年运输总量包括:铁路货物运输量1.8亿吨,公路货物运输量6.5亿吨,港口装卸货物1.94亿吨,输油管道泵送1380万公升燃油。南非航空公司的航班运送国内和国际旅客共610万人次。南非交通网络有限公司雇员8万人,固定资产总额为720亿兰特。

2005年,南非政府宣布的交通和通信基础设施建设计划,总投入接近600亿美元,主要投入三个方面的工程:(1)扩大和提升德班至豪廷省的货物运输走廊,这条交通线是南非最繁忙的非矿业产品运输通道。(2)由准国有企业森提克公司(sentech)建设一套无线宽频网络系统,以降低通信技术成本,提高南非在全球呼叫中心业务中的竞争力。(3)在林波波省的奥利凡茨河(Olifants River)修建德乎普水坝(De Hoop)。

第二节　铁路运输的未来

南非铁路建设始于英国开普殖民地时期的1859年,从开普敦到惠灵顿的92千米铁路于1863年完工;另一条于1860年完工的3.2千米铁路位于东海岸,从德班市到德班港入海口的海角。南非钻石和金矿的开发推动了19世纪后期铁路的大规模建设,以及建设连接当时的葡属殖民地莫桑比克和英国殖民地罗得西亚(今天的津巴布韦)的铁路线。

目前,南非铁路网总长22 000千米,采用1.067米轨距的窄轨。另外还有314千米轨距为61厘米的铁道。正在计划兴建的准轨铁路线是约翰内斯堡到德班的720千米双轨铁路。连接邻国的铁路也在整修。早期铁路运输使用的机车以蒸汽发动机为动力,部分铁路早在1926年就已经电气化。20世纪70年代,铁路运输开始逐步废除蒸汽机车,采用电气机车。到20世纪90年代初期,南非一半以上的铁路网实现了电气化,大部分客货机车为电气机车, 共有电气机车

2000多辆。

南非铁路运营部门有两个:一个是交通网络有限公司下属的铁路网络公司(Spoornet),主要业务是货物运输和长途客运。南非铁路网络公司年营业额超过10亿美元,其中95%来自货物运输。另一个是1990年成立的南非铁路往返客运公司(SARCC),直属交通部管理,经营南非六大城市的短线客运以及贵重物品的运输。

南非还有著名的豪华客运线路,即蓝色列车,往返于比勒陀利亚和开普敦之间,主要用于旅游服务。其他铁路线路还有:跨奥兰治列车,从东海岸的德班到西南海角的开普敦,全长2 088千米;跨纳塔尔线路,从约翰内斯堡到德班,721千米;钻石快车线,563千米,往返于比勒陀利亚和金伯利之间;以及1 376千米长的林波波线,从约翰内斯堡到津巴布韦首都哈拉雷。

南非铁路往返客运公司的设备和资产包括478个火车站,2 240千米电气化单轨铁路,4 564节车厢。20世纪90年代中期,上下班乘坐郊区短线往返火车 (三等车) 的人数每天200多万人次,乘客主要是居住在大城市周围黑人城镇的居民。这些主要服务于黑人城镇线路的火车设备状况差。1994年,新政府开始更新火车车厢,提高线路的现代化程度。南非铁路往返客运公司依靠政府补贴运行。2001～2002年度该公司得到政府运营补贴3.66亿兰特,资本补贴4.902亿兰特。目前,都市铁路总长2 400千米,火车客运每天运送150万人次,共352车次。

南非铁路网络公司拥有南部非洲最长的铁路线和最大的货运能力。该公司运行的铁路总长为30 600千米,拥有3253台机车,114 433节货运车皮、2 102节客运车厢,年货运量约1.8亿吨。该公司负责维护南非的铁路,并与撒哈拉以南非洲地区的铁路线相连接。该公司拥有的铁路基础设施占整个非洲的80%。快速货运火车在全国18条铁路线运营,时速可以达到120千米,一般时速为60公里。铁路网络公司从20世纪90年代初期,开始用计算机管理运营信息系统。

南非的铁路对邻国的经济,特别是对几个内陆国家的经济有重要意义。1990年南非和博茨瓦纳、莫桑比克、纳米比亚、斯威士兰、赞比亚、津巴布韦和当时的扎伊尔(现刚果民主共和国)等7个国家的铁路管理总经理协商,决定建立共同运营网络,以协调该地区的铁路运输。1994年开始协调货运时刻表,以加快出口货物和易腐烂物品的运输并简化海关手续。南非铁路还办理邻国的集装箱快运业务。

第三节 公路运输的战略

南非的公路里程在20世纪90年代初大约为18万千米（1992）。其中铺面公路有5.6万千米，约占公路里程的30%。公路分国家、省和城镇三级管理。国家级公路连接所有的中心城市、工矿区和港口，并与邻国公路相连。公路运输不仅承担南非国内的客货运输，而且承担与邻国进行双边和多边的运输业务。公路货运量约占陆路货运量的1/3。

近年来，南非公路交通有很大发展，道路网总长75.46万千米（含城市街道）。其中9600千米为铺面国家公路(包括收费公路2400千米与非收费公路)；5.6万千米铺面省级公路；30万千米省级砾石公路；16.8万千米城市道路(包括铺面与非铺面道路)以及22.1万千米未划分等级的公路。南非政府制定五年计划，改善道路基础设施状况。

南非公共交通设施

仍比较差。根据南非2003年全国家庭出行调查,23%的家庭有一部汽车。月收入超过6 000兰特的家庭中,82%的家庭至少有一部汽车。南非每1 000人汽车拥有量是108辆,总体水平不高。但是,在不同种族人群中汽车拥有量差别很大。

由于白人大多拥有私家汽车,因此公共交通长期不被旧政府重视。城镇黑人外出工作主要靠城市郊区火车和出租车,公共汽车的覆盖面有限。根据南非全国家庭出行调查,2003年约390万人出行使用公共交通工具,250万人乘坐小公共出租车,还有32.5万人有时乘坐出租小轿车。大城市公共交通由地方政府管理,由私人公共汽车公司运营,还有小公共出租汽车。

南非政府提出发展公共交通的主要目的是改进公共交通系统,向公众提供能承受的公共交通方式,以使经济更活跃。目前的主要做法是提供公共交通补贴。到2005年年中,政府给公共汽车交通的补贴共22.8亿兰特,其中67%拨给34个临时公共汽车合同单位。每年给乘坐郊区火车的往返劳工交通补贴25亿兰特。近年来,公路运输开始非国有化。目前,公共汽车客运大部为私营,因此出租车行业的竞争十分激烈。

促进农村地区交通的政策是发展非机动车交通,包括毛驴车和自行车以及其他畜力和人力交通运输工具。